rowohlt
BERLIN

Wolfgang Büscher

Acht

Christine Kensche

deutsche

Uwe Schmitt

Sommer

Rowohlt · Berlin

Von Wolfgang Büscher stammen die Texte zu den Sommern der Jahre 1945, 1955 und 1965. Die Sommergeschichten von 1975 und 1995 erzählt Christine Kensche. Uwe Schmitt hat die Texte zu den Jahren 1985, 2005 und 2015 verfasst.

1. Auflage Mai 2016

Kapitelabbildungen Cultura Travel/
Atli Mar Hafsteinsson/Getty Images
Satz Minion Pro OTF (InDesign) bei
Pinkuin Satz und Datentechnik, Berlin
Druck und Bindung CPI books GmbH, Leck, Germany
ISBN 978 3 87134 835 8

Inhalt

Vorwort
7

1945: Der junge Mann, der mein Vater war
13

1955: Aus Ruinen nach Amerika
41

1965: Der Prozess
63

1975: Das Wunder von Bonn
75

1985: Leipzig – eine Jugend im Wartesaal
103

1995: Der Himmel unter Berlin
125

2005: Unser Mann am Hindukusch
145

2015: Der Damaszener
163

Vorwort

Deutschland erzählen, geht das überhaupt? Ein Land mit einer derart zerfaserten, zerfetzten jüngeren Geschichte. Ein Land, das sich in so ziemlich jedes Hirngespinst verstieg, das in so ziemlich jede Falle ging und nach jedem Desaster so ziemlich jeden Neustart hingelegt hat, den die jeweilige Lage hergab. Deutschland, worüber reden wir da eigentlich? Es gab so viele davon und so extrem verschiedene, dass einem schwindelig wird beim Betrachten. Deutschland, ein stroboskopischer Bilderrausch. Kaiserreich, Weimar, die Hitlerei, die Epoche der Teilung und nun die allerneueste Gestalt, in der wir Gegenwärtigen leben. Fünfmal Deutschland in gut siebzig Jahren, das dürfte Weltrekord sein in der Disziplin Untergang/Wiedergeburt – moderner deutscher Fünfkampf.

Seine Stationen heißen: Selbstüberhebung – Selbstverlust – Selbstmord – Selbstverleugnung – Selbstheilung. Denn am Ende des Irrsinnsparcours steht ein unverhofft glücklicher Ausgang. In der Nacht jenes konfusen, aufgewühlten 9. November sehen die Deutschen im Fernsehen ihre Mauer fallen – den eisernen Ring um die Brust aus einem deutschen Märchen – und reiben sich verwundert die nassen Augen. Verwundert über beides. Über die Absolution, die ihnen zuteilwird, ohne dass sie darum gebeten hätten; aber auch verwundert darüber, dass sie der Tränen über dergleichen noch fähig sind. Hatten wir uns das nicht mühsam abtrainiert?

Natürlich kann man das alles erzählen, das Zerfaserte und Zerfetzte, aber nicht ohne die Haltung des Staunenden einzunehmen, die der Haltung des Liebenden nicht unverwandt ist. Der Staunende ist der Liebende, bevor er weiß, dass er liebt (und lange bevor er die Fröste der Liebe kennt). In der Nacht des 9. November, während die Augen der Kameras auf die durch Berlins Mauerlücken Hervorquellenden, Hervortaumelnden gerichtet waren, auf Umarmungen, Gefühlsausbrüche und Jubel, spielte sich am Kurfürstendamm eine unvergessliche Szene ab. Die Ersten hatten es bis hierhin geschafft, aber nichts war so, wie eine sarkastische Gewitztheit es erwartet hätte. Dieser Vortrupp von drüben belagerte und begaffte keineswegs die hell erleuchteten Schaufenster des Westboulevards. Eine vom Moment ergriffene Prozession zog die breite Straße hinauf und hinab. Vor den Schaufenstern mit ihren Luxuswaren – Kleider, Uhren,

Autos – blieb kaum einer stehen, kaum einer sah auch nur hin. In diesen novembernebligen Stunden war der Kurfürstendamm die Prozessionsstraße einer fassungslos heiteren Selbstfeier der Staunenden.

Die Winter dieser Liebe, wir kennen sie inzwischen. Der Zauber des Vorabends ist verglüht, wir erinnern uns kaum noch daran und genieren uns wegen unserer Tränen. Sicher, dieses neueste Deutschland ist in den Härten und Mühen seiner Wirklichkeit angekommen. Dennoch, ich kenne kein Land, das seine kostbarsten Momente so leicht verwirft und vergisst und sie so ungelenk feiert wie meines. Vielleicht hat das damit zu tun, dass wir Deutschen erst seit kurzer Zeit eine Nation sind, und das auch noch mit Unterbrechungen, erfüllt von Unglück und Unheil. Andere um uns her kleiden sich länger und lieber ins nationale Gewand und tragen es lässiger als wir. Deutschland, das war über Jahrhunderte eher das treibende Ferment eines größeren Ganzen als eine sich absondernde nationale Entität.

Im Juni 1982 ging Werner Herzog vom oberbayerischen Sachrang aus los, er wollte einmal um Deutschland herum. In dem Dorf am Ende des Prientals an der Tiroler Grenze hatte er mit seiner Mutter und seinen Brüdern ein paar Kindheitsjahre verbracht. Sachrang war ihm ein kindheitsmythischer Ort. Dort gibt es zwei Gipfel und dazu eine Legende. Vom einen Gipfel wollte

Herzog los, beim anderen wieder ankommen, so wie der Held der Legende, von dem es hieß, er sei dermaßen schnell gewesen, dass er einmal um ganz Deutschland herum gerannt sei und doch früher den anderen Gipfel erreicht hätte als seine Verfolger, die den direkten, tausendfach kürzeren Weg durchs Tal nahmen.

Herzog brauchte Sachrang. Die Sachranglegende würde das Deutschland, das er umwanderte, zusammenhalten wie eine Fibel ein flatterndes Gewand. Es erging ihm wie einem kühnen Entdecker beim ersten Versuch. Er wurde unterwegs krank und musste an der Nordseeküste abbrechen. Später schrieb er, er sei aus dem Gefühl heraus losgegangen, dieses Deutschland sei so zerfasert – die Umwanderung als Versuch, etwas, das zergeht und zerflattert, zusammenzuhalten, vielleicht auch zu umfassen. Eine rituelle Tat. Ähnliche Empfindungen waren es wohl, die mich zweiundzwanzig Jahre später bewogen, den Versuch noch einmal zu wagen. In diesen zweiundzwanzig Jahren hatte das Land wieder einmal seine Gestalt gewechselt. Herzog hatte um Westdeutschland herumgehen wollen – um was sonst im Sommer 1982? Ich ging 2004 um Deutschland herum.

Was hat der siebzehnjährige deutsche Soldat, der im Sommer 1945, eben aus britischer Kriegsgefangenschaft entlassen, in den Harz hinaufsteigt, weil er hofft, dort seine kriegszersprengte Familie wiederzusehen, mit der jungen Berliner DJane zu tun, die fünfzig Sommer später in den Kellern der wiedervereinten Stadt ihre Generation durch ekstatische Nächte treibt – existieren sie nicht in komplett verschiedenen Welten und Zeiten? Genau wie die junge Fußballerin, die sich im Sommer 1975 ihren Traum erfüllt, in die reine Männerwelt des Fußballs durchzudringen, und der deutsche Soldat, der dreißig Jahre später in Afghanistan erlebt, was das ist: Krieg. Eher schon könnte man meinen, der deutsche Gymnasiast, der 1955 aus den Ruinen seiner Heimatstadt nach Amerika aufbricht, und der syrische Theatermann, der 2015 aus den Ruinen von Aleppo nach Deutschland kommt, hätten sich etwas zu sagen.

Das mag so sein oder auch nicht. Wir haben uns an einzelne Menschen gehalten. Jeweils einer oder eine für alles. Für einen Sommer. Für eine deutsche Erzählung. Acht biographische Probebohrungen in die Zeitgeschichte, die zugleich eine Entdeckung unseres Landes sind.

Wolfgang Büscher,
März 2016

1945: *Der junge Mann, der mein Vater war*

An einem strahlenden Sommermorgen kurz nach dem Krieg stieg ein junger Mann in den Harz hinauf, fast noch ein Kind mit seinen siebzehn Jahren und doch ein deutscher Soldat. Von der Schule geholt, an die Front geschickt, besiegt, entwaffnet, in die Gefangenschaft geführt. Dort hatte er die drei Monate zugebracht, die seit dem Ende des Kriegs vergangen waren, in einem britischen Kriegsgefangenenlager bei Emden, unter anderen entwaffneten deutschen Soldaten.

Ab und zu hielt er inne, wischte sich den Schweiß ab, schaute sich um, sog die würzige Waldluft ein. Manchmal, wenn der Tannenwald sich öffnete, konnte er weit ins Tal schauen und auf blaue Höhen. In Goslar war er losgegangen in der Frühe, in seiner blauen Marineuniform und mit seinem Seesack, hatte sich durchgefragt zur Station, von der ein Omnibus in den Hochharz fuhr, aber er kam wenige Augenblicke zu spät und sah den Bus nur noch von ferne. Er war nicht böse darum, dann ging er eben zu Fuß hinauf, fünfzehn Kilometer waren es bis zu seinem Ziel, na und, es war Sommer, der Krieg vorüber, er war siebzehn und endlich kein Gefangener mehr; keine Wachen, kein Stacheldraht, keine Befehle – herrliche siebzehn und frei auf eine Art, die man atmen konnte. Er ging seines Weges, und niemand hielt ihn an und fragte, wer und wohin.

An der Kaiserpfalz ging er vorüber, aus Goslar hinaus, erst übers Land, dann die Serpentinen hinauf in die Harzwälder. Einmal wollte er eine Haarnadelkurve abschneiden, schlug sich ins Grüne, den steilen Hang hinauf, verlief sich, kehrte zurück auf die Straße. Hätte er geahnt, dass sein Weg ihn fortführen würde von allem, was er gekannt und geliebt hatte, er wäre erschrocken. Später, wenn er an diesen Sommer zurückdachte, war es ihm, als habe er hinter sich eine Tür schwer und nachhallend ins Schloss fallen hören. Nur ein Traumgesicht. Jetzt hörte er nichts dergleichen, nur das Knirschen der eigenen Schritte auf dem Asphalt und einen Specht ins Holz hacken ab und an.

«Wir fahren nach Hahnenklee», hatte ihm die Mutter geschrieben, «hier in Leipzig sind zu viele Bombenangriffe, wir sind dort im Hotel ‹Goldener Löwe›.» Diese letzte Nachricht aus den letzten Kriegswochen trieb ihn hinauf. Er kannte weder den Ort noch das Hotel, das ihm die Mutter als Zuflucht der Familie genannt hatte, irgendein kleiner Kurort hoch im Harz, mehr wusste er nicht. Sonderbarer Name, Hahnenklee, klang nach Bergwiese, wäre nur der Hahn nicht gewesen, der Hahn war ein zwielichtiger Vogel. Er krähte dreimal, und das Unheil nahm seinen Lauf. Er dachte an den Vater. Ihn würde er nicht wiedersehen dort oben im Harz. In Russland gefallen, bei Tula, mehr wusste man nicht. Aber heute noch würde er, wenn alles gutging, die Mutter sehen.

Solche wie er waren viele unterwegs in diesem Sommer nach dem Krieg. Millionen zogen umher, aus Armeen entlassen, aus Lagern befreit, aus besetzten Gebieten verjagt, auf der Flucht vor alten Rechnungen oder neuen Todesgefahren. Die Ruinen verbrannter deutscher Städte hingen voller Zettel, angeschlagen von Frauen, die ihre Männer suchten, von Familien, die nach Angehörigen forschten, von Kindern, die irgendein Zeichen ihrer Eltern zu finden hofften. Nein, er fiel gar nicht auf, der blutjunge Soldat, wie er da die Straße hinaufging in die Wälder.

Aus Leipzig hatte ihm die Mutter die Hahnenkleepost geschrieben, da war sie schon nicht mehr daheim gewesen in Breslau. Leipzig war nur eine Station auf ihrer Flucht, ihre Schwester lebte dort, seine Tante Else. Else war mit einem Ehepaar befreundet, dem mehrere Hotels gehörten, auch der «Goldene Löwe» im Harz, so war die Idee entstanden: nach dem Krieg in Hahnenklee.

Seine Stimmungen wechselten. Mal weitete sich seine Seele, und er sog in vollen Zügen die betörend harzige Freiheit ein, in der er ging. Wer ihn beobachtet hätte, hätte ein paarmal ein kurzes, verwundertes Auflachen gesehen, Bilder des Krieges und der Gefangenschaft flackerten auf, und er konnte sein Glück kaum fassen. Vor Tagen noch war es ganz unwahrscheinlich gewesen, dass er heute hier wandern würde, ein freier Mann. Dann wieder drängte sich Bangigkeit in seine Gedanken. Wird sie dort sein, wird sie mich erwarten? Es wird der Mutter doch nichts passiert sein? Nein, es gelang ihm nicht, sich seinem wiedergewonnenen Jungsein, seinen herrlichen siebzehn Jahren, und diesem geschenkten Hochsommertag ganz und gar hinzugeben. Er ging in den Harz hinauf voll angespannter Erwartung.

Einmal, als er verschnaufte und zu Tal schaute, schob sich ein anderes Bild vor den Sommertag – das Elternhaus auf der Breslauer Dominsel, sein Leben dort eben noch. Und es waren keine Schwarzweißbildchen mit Zackenrand wie später, als er die geretteten Fotos der Kindheit in einer kleinen Kiste verwahrte, die er immer seltener öffnen würde, je weiter das alles in ein unbegreiflich fernes Vorleben entrückte. Nein, die Bilder, die ihm jetzt in der Serpentine vor Augen standen, hatten nichts düster Umflortes, sie waren noch hell – die Kreuzstraße, in der er gespielt hatte, seine alte Schule schräg gegenüber dem Elternhaus, der Botanische Garten, nur ein paar Schritte entfernt, die steile Treppe der Heiligkreuzkirche, von der seine Straße den Namen hatte. Sommernachmittage an der Oder, ihr Ufer fast vor der Haustür, ein Ausflug ins Riesengebirge, an all das dachte er, wie ein Junge auf Klassenfahrt an daheim denkt. Nicht dringlich, erst recht nicht traurig. Diese Bilder, man musste sie nicht ängstlich festhalten oder beschwören, das alles gab es doch wirklich, und bald wäre er wieder daheim. Nur stiller als sonst war es am Ende in seiner Straße gewesen. Seine Freunde fehlten – fort, irgendwo eingesetzt, irgendwohin evakuiert. Bis auch er an der Reihe gewesen war.

Das Soldatische hatte ihn nicht sehr angezogen, er hatte es übergestreift mit der Uniform. Er entstammte einer Familie von Ingenieuren. Der Großvater war zu einigem Wohlstand gekommen mit seiner Tiefbaufirma. Sein Hauptgeschäft war es, Ländereien im nördlichen Niederschlesien trockenzulegen. Die Flüsse dort traten häufig über die Ufer und überschwemmten die Äcker, was dem Großvater viele Aufträge eintrug, Drainagerohre zu verlegen. In seiner besten Zeit beschäftigte er über dreißig Leute, ein Chauffeur lenkte seinen Wagen. Der Junge sollte einmal das Geschäft übernehmen, er sollte studieren und seinen Bauingenieur machen, aber je totaler der Krieg sich aufführte und je näher er Breslau rückte, desto bescheidener fielen die Rationen des Wünschbaren aus, desto notgedrungener geriet das Leben.

Jemand hatte ihm von einer kriegsmäßig improvisierten Ingenieurschule in einem katholischen Stift berichtet, und da war er untergebracht worden, ein Junge von sechzehn Jahren, unter lauter kriegsversehrten Soldaten. Dem einen fehlte der Arm, dem andern das Bein, dem dritten das Auge. Männer mit Splittern im Körper, Männer, die alles gesehen hatten. An der Front nicht mehr zu gebrauchen, sollten sie zu Ingenieuren umgeschult werden für die Zeit nach dem Krieg. Frontfüchse, die die Pausen zwischen den Schulstunden nutzten, um dem unerfahrenen Burschen eine Vorstellung von dem zu geben, was das ist: Krieg. Er wird's bald selber sehen, nickten sie einander zu, wird ja bald siebzehn, dann ist er dran.

Seine letzten Weihnachtsferien daheim endeten am 3. Januar 1945, aber die wunderliche Invalidenklasse besuchte er nur noch wenige Tage. Am 12. Januar, einem Freitag, wurde er eingezogen, das hieß, seine Mutter packte ihm warme Sachen und Proviant ein, dann ging er zum Bahnhof und nahm den Zug in den Krieg. Es traf sich, dass dieser Zwölfte zugleich der Tag war, an dem die längst erwartete Großoffensive der Roten Armee an der gesamten Ostfront begann, die Stalins Truppen bis nach Berlin führen würde, zum Sieg. Eine Woche später wäre der Krieg zu ihm gekommen. Am 20. Januar, einem Samstag, schlossen alle Breslauer Schulen – die großen Endkampfferien begannen. Als sie endeten, nach vielen Monaten, war er weit weg und die Welt eine andere.

Wäre er nicht eingezogen worden, hätte sich das Schicksal des Siebzehnjährigen ganz mit dem seiner Heimatstadt verwoben. Ganz sicher wäre er zum Volkssturm befohlen worden, jener Truppe, ausgehoben aus alten Männern und halben Kindern ab sechzehn, die verteidigen sollte, was nicht mehr zu verteidigen war. Am 20. Januar schlossen nicht nur die Schulen, es schloss sich die ganze Stadt ein und erwartete den Angriff. An jenem Tag erging in Breslau der «Auflockerungsbefehl». Aufgelockert wurde die Bevölkerung – wer irgendwie kriegstauglich war, hatte zu bleiben, alle anderen störten und mussten raus aus der Stadt, sofort. «Achtung, Achtung!», schnarrte es aus Lautsprechern, «Frauen und Kinder verlassen die Stadt zu Fuß in Richtung Opperau-Kanth!» Nur kleines Handgepäck war erlaubt.

Am Tag darauf, dem Sonntag, lasen die Dagebliebenen und nunmehrigen Festungsbewohner das Plakat, das der Gauleiter und unumschränkte Herrscher über Breslau überall hatte aufhängen lassen. Was aber war das, eine Festung? Es war eine vom Feind eingeschlossene, aber koste es, was es wolle, zu haltende Stadt. «Männer von Breslau!» So hob der Plakattext an und verkündete, jeder sei nun kriegsverpflichtet. «Keiner verlässt seinen Posten!» Jede Tätigkeit, die für die militärische Verteidigung der Stadt nicht unbedingt nötig sei, sei sofort einzustellen. Der totale Krieg, er war da.

Die viel zu späte und viel zu überstürzte Evakuierung Breslaus mitten im strengen Winter setzte einen Zug in Marsch, bei dem das Grauen und der Tod mitmarschierten. So verrückt es uns Heutigen erscheinen mag, selbst in dieser Lage gab es Menschen, die Tagebuch führten, und nicht wenige. Einer von ihnen war der katholische Pfarrer Walter Laßmann. Doch vielleicht ist es gar nicht so verwunderlich, in höchster Not und Todesgefahr Zuflucht in stiller Zeugenschaft und Zwiesprache zu suchen, im geschriebenen Wort, das den Schrecken bannt, indem es ihn beim Namen nennt. Das Tagebuch gedeiht in Gefängnissen und einsamen Expeditionszelten, warum nicht auch in einer modernen Festung, unter Granatfeuer und Einschlägen und inmitten der Brände ringsumher, denn so sah das Leben in Breslau bald aus.

Wäre der tagebuchschreibende Priester erwischt oder verraten worden, er wäre des Todes gewesen. Was er heimlich notierte, war in den Augen der Festungsherren Hochverrat. «Es ist schwerer Winter, die Oder völlig zugefroren», schrieb Walter Laßmann unter dem Eindruck des Auszugs der Frauen und Kinder. «Bei über zwanzig Grad Kälte ziehen Tausende von jungen und alten Frauen mit Kinderwagen, Schlitten und kleinen Ziehwagen auf verschneiten Landstraßen in die Winternacht hinaus. Zurückkehrende geben grausige Berichte über diesen Todesmarsch. Für Hunderte von Kleinkindern war diese Nacht die letzte. In den Straßengräben liegen in den nächsten Tagen massenhaft Säuglingsleichen, erfroren, zurückgelassen von den in panischer Angst Flüchtenden. In Neumarkt wurden allein über vierzig Kinderleichen gezählt, säuberlich auf Stroh auf dem Marktplatz niedergelegt. Koffer, Bettenbündel, Kleidungsstücke liegen in den Gräben der Chausseen.» Dann kommt der Priester übergangslos auf Breslau zurück, auf seine eigene Lage. «In immer kürzeren Abständen jagt das Geheul der Sirenen die Menschen in die Keller.» Das russische Dauerfeuer auf die Stadt hatte begonnen.

Nicht nur Berichte von Kleinkindern und Alten, leblos in den Schnee gelegt, gingen in Breslau um. Auch von mitleidigen Krankenschwestern raunte man, die tödliche Medikamente ausgaben, um sehr alten Menschen ein Ende dort draußen in Eis und Schnee zu ersparen. All das sprach sich herum, so kam es, dass sich viele weigerten, den Marsch anzutreten, dass Ältere und Junge gegen den Befehl in der Festung blieben. In ihr führte jetzt der Gauleiter sein Regiment mit täglichen Todesurteilen und nächtlichen Partys. Man sehe, vertraute Laßmann seinem Festungstagebuch an, «junge Frauen, die gestern noch im billigen Mantel umherliefen und heute einen Nerzpelz tragen. Ein Teil der Bevölkerung zieht ständig in der Festung hin und her, angeführt von besonders ‹Schlauen›, die vorausahnen, welcher Stadtteil in Kürze bombardiert werden soll. So schlafen sie heute in den Betten offenstehender Patrizierhäuser, morgen auf dem dürftigen Lager armseliger Mietskasernen im äußersten Osten.»

Todesangst und Notbegräbnisse erfüllten die Tage des Priesters. Noch hielt Breslau stand, aber es war nicht zu halten – was sollten aus zersprengten Divisionen zusammengestellte Truppen und Ersatzeinheiten, unterstützt von alten Männern und jugendlichen Volksstürmern, gegen eine zehnfache sowjetische Übermacht ausrichten? Gegen den nahezu pausenlosen Granatenbeschuss waren die Verteidiger machtlos, den Bomben und Bordgeschützen russischer Flieger hatten sie nichts entgegenzusetzen. Die Lufthoheit lag bei den Belagerern, bald würde ihnen die Stadt gehören. Trotz alledem war der Widerstand zäh, die Eroberung kam nur mühsam voran, von Straße zu Straße, von Haus zu Haus.

Manchmal schrak der Tagebuchschreiber aus seiner Schreckensroutine auf und stellte verwundert fest, dass er das alles ertrug, ohne daran irre zu werden. Dass er inmitten von Tod, Wahn, Verzweiflung die Kraft aufbrachte, seinen Dienst als Priester zu tun, wie er ihn immer versehen hatte; tagein, tagaus Verwundete aufzurichten, Sterbende zu trösten. «Das Leben des Alltags», notierte er, «geriet immer mehr unter das Gesetz der Festung.» Sogar die Art, Adieu zu sagen, passte sich an. Verabschiedeten sich Freunde, sagten sie einander: «Bleib übrig!»

Am Ostermontag fühlte der Priester, dass er einmal aus all dem herausmusste, und sei es nur für ein paar Minuten. Er pfiff auf Bomben und Granaten und unternahm einen Stadtspaziergang. Am Strand der Oder angelangt, bot sich ihm ein Bild «von märchenhafter Unwirklichkeit», von dem er sich kaum loszureißen vermochte. Das Bild hieß: Finis Silesiae oder Breslau brennt. «Hinter mir die beiden Riesenfackeln der brennenden Domtürme, daneben das Palais des Erzbischofs ein Feuermeer, rechts die brennende Sandkirche, vor mir, auf der anderen Oderseite, die brennende Stadt. Fünfstöckige Häuser standen in hellen Flammen, alle Fenster waren erleuchtet wie bei einem glänzenden Fest, ab und zu stürzte ein ausgebranntes Haus in sich zusammen, einen grandiosen Funkenregen wie ein brillantes Feuerwerk hoch zum Himmel schleudernd.» Der klassisch gebildete Mann konnte selbst jetzt nicht aus seiner Haut, und wozu denn auch, stellte ihm doch die Antike den dunklen Spiegel hin, in dem er hell widerscheinen sah, was ihm in diesem Moment am Oderstrand vor Augen war, so wirklich-unwirklich wie ein Traum. «Ich weiß nicht», schrieb er, «ob der alte Aeneas, von dem uns Vergil erzählt, einen ähnlich großartigen und grausigen Anblick hatte, als er bei seiner Flucht auf das brennende Troja zurückschaute.»

All das war dem jungen Soldaten erspart geblieben. Er hatte davon reden hören, aber sich den Untergang seiner Heimatstadt wirklich vorzustellen, das vermochte er nicht. Er hatte sich, als die Einberufung absehbar war, freiwillig zur Marine gemeldet. Nach sechs Wochen Eilausbildung an der Waffe wurde er an die Front befohlen, an die Nordseeküste bei Emden, in eine Marineersatzabteilung. Es war jetzt Anfang März. Alliierte Truppen hatten die deutschen Grenzen überschritten und drangen immer tiefer ins Reichsgebiet ein, im Osten wie im Westen, auch gegen Emden stießen Kanadier und Engländer über die Dollart-Bucht vor. Seine Kameraden und er lagen am nördlichen Ufer der Ems, sie sahen, was sich an der vordersten Front abspielte. Erst kamen die feindlichen Flugzeuge und bombardierten die deutschen Stellungen, dann schoss die Artillerie, dann kamen die Panzer, zuletzt kam englische und kanadische Infanterie. Sie sahen die Soldaten, wie sie geduckt über die Äcker liefen mit ihren Maschinenpistolen und wie sie sich unter Beschuss zurückzogen. Dann ging es wieder von vorn los. Die Flugzeuge, die Granaten, die Panzer, die Infanteristen. Das Kampfgeschehen dieser letzten Kriegswochen zog sich hin, die Front bei Emden bewegte sich kaum.

Die deutschen Truppen lagen gestaffelt, noch kämpfte er nicht an vorderster Front, seine Ersatzabteilung wartete hinter der Hauptkampflinie, aber es hieß, sie solle bald eingesetzt werden. Doch dazu kam es nicht mehr. Der April endete mit jener Meldung aus dem Berliner Führerbunker, die auch dem letzten Hitlergläubigen klarmachte, wie die Lage war. Nach Hitlers Tod konnten die Soldaten die Tage bis zum Kriegsende an zwei Händen abzählen. Dann der 8. Mai, die Kapitulation, die Gefangennahme. Die Briten gaben ihnen Befehl, die paar Kilometer hinüber ins Dörfchen Loppersum zu marschieren, landeinwärts hinter Emden gelegen, dort entstand ein großes Kriegsgefangenenlager.

Sechs Wochen lang war er ausgebildet worden, zwei Monate eingesetzt als Soldat, drei Monate dauerte seine Gefangenschaft. Sie seien ruhig verlaufen, erzählte er später. Die Gefangenen lebten in Zelten, jeder Soldat hatte seine Zeltbahn bei sich, die ließen sich zu zweit oder zu dritt zusammenknöpfen, Knöpfe waren haltbarer als Reißverschlüsse, und so wurde man zugeteilt, wie es gerade kam. Du mit dem und dem, drei Mann, ein Zelt. Die Verpflegung war karg, die Mägen knurrten, aber es war Sommer, es war auszuhalten, manchmal war es sogar unterhaltsam. Zwar trugen die Männer ihre Uniformen noch, aber der Krieg war vorüber, und etliche kehrten ihre zivilen Eigenheiten wieder unbefangen hervor. Wenige Wochen, und sie würden wieder die sein, die sie vor dem Krieg gewesen waren. Leute von überall her und von ganz unterschiedlicher Art traf er im Lager Loppersum. Männer, für eine kurze Weile zusammengesperrt in diesem Zeltlager, jeder mit seinen Erinnerungen, Hoffnungen, Sehnsüchten – wie auf einem Auswandererschiff. Das Ufer des bisherigen Lebens blieb zurück und wandelte sich zu einer fernen Legende.

Einer seiner Mitgefangenen war Direktor einer großen Firma gewesen, er erzählte, dass auf irgendeiner Messe Hitler an ihren Stand gekommen sei. Ein Opernsänger schmetterte abends Arien. Der junge Mann sog das alles auf, und weil er sich dennoch langweilte, schloss er sich dem Gefangenenchor an, den Sieben Lottersumer Dorfschwalben, und gestaltete Bunte Abende für seine Kameraden. Ablenkung war beliebt, je harmloser, heiterer, desto besser. Der Krieg fiel von den Männern ab, die Spannung löste sich. Gut, sie waren Gefangene, aber zum ersten Mal seit Jahren hielt sie nicht mehr die Furcht um ihr Leben gefangen.

Das Kriegsende war ihnen Erlösung, sie machte sich in derben Redensarten Luft, immer wieder hörte er sagen: «Endlich ist diese Scheiße vorbei.»

Nach drei Monaten in den Dreimannzelten wurden die Ersten von ihnen entlassen, aber nur solche aus der britischen Besatzungszone. Er schaffte es, unter ihnen zu sein, er hatte als seinen Zielort Hahnenklee im Harz angegeben statt Breslau. Ein Militärtransporter fuhr los, voll entlassener deutscher Soldaten, auch er kletterte hinauf. Am ersten Tag ihrer Fahrt durch das besiegte, kriegszerstörte Land kamen sie bis Hannover, dort nächtigten sie auf einem Sportplatz, am Abend des zweiten Tages erreichten sie Goslar und schliefen in einer Schule. Am anderen Morgen sagten die Briten zu ihnen: «Ihr seid frei und könnt gehen, wohin ihr wollt.» Er nahm von den anderen Entlassenen Abschied und ging los. Es war nun August.

Nach wenigen Stunden erreichte er Hahnenklee, die ersten Häuser des stillen Kurorts. Es war ein Sonntag. Er fragte sich zum «Goldenen Löwen» durch, den er rasch fand. Doch im Hotel erwartete ihn eine Enttäuschung: Mutter, Tanten und Großmutter seien nicht hier, sagte man ihm. Tante Elses Leipziger Freunde hätten sie hier nicht einquartieren können, das Hotel sei von den Frauen einer SS-Einheit belegt worden. Aber der Freund habe die vier Frauen und das Kind woanders unterbringen können, im «Hotel Granetal», dorthin sei es nicht weit. Der junge Mann dankte für die Auskunft, lief weiter, und dann hörte er, sieben Monate nach dem Januarmorgen, an dem er von seiner Mutter Abschied genommen und die Klinke des Elternhauses zum letzten Mal in der Hand gehabt hatte, seinen Namen rufen: «Der Gerd ist da!»

Tante Else war es, die das ihren beiden Schwestern zurief, sie hatte ihn zuerst entdeckt. Und nun erblickte er die Frauen, alle an einem Fenster des Hotels. Als hätten sie nach ihm Ausschau gehalten, sahen sie ihn kommen mit seinem Seesack, in seiner blauen Marineuniform. Und er fand sie wieder als Kurgäste in einem Harzhotel.

Noch lange danach, wenn er als älterer Mann diese Episode erzählte, tat er es nicht ohne ein Kopfschütteln über die Absurdität ihrer damaligen Lage. «Sie zahlten Kurtaxe, stell dir vor. Sie wurden als Kurgäste behandelt, ein Witz. Es war in den hohen Harz nicht vorgedrungen, dass überall Flüchtlinge im Land unterwegs waren in diesem Sommer, dass die Russen ganze Teile Deutschlands besetzten, dass Millionen flohen.»

Von der Mutter und den Tanten erfuhr er, wie es ihnen ergangen war. Kurz nach seiner Abreise zur notdürftigen militärischen Ausbildung war der Rest seiner Familie aus Breslau geflohen, im letzten Moment.

Auf ihrer letzten Postkarte von daheim schrieb ihm die Mutter: «Wir, Martha mit Sohn und Großmutter und Mama, fahren zu Else nach Leipzig.»

Martha war seine andere Tante, die zweite Schwester der Mutter. Bis dahin war es streng verboten gewesen, die Stadt zu verlassen. Nun, da der Gauleiter über Nacht das Gegenteil befahl, gelang es den drei Frauen und dem Kind, dem grausamen Fußmarsch zu entkommen und sich in einen der letzten Züge Richtung Westen zu drängen, nach Görlitz und weiter nach Dresden. Auch die Tieffliegerangriffe auf die vollgestopften Waggons überlebten sie. Sie hatten großes Glück gehabt, einen Zug zu erwischen, denn rasch wurde klar, dass die wenigen Züge all die Menschen, die fortsollten und -wollten, nicht aufnehmen konnten.

Im Harz nahm ein Leben unter den gegebenen Umständen seinen Lauf – eine den Dingen unten im Flachland, den Dingen, die gestern noch zählten, enthobene Zeit zwischen gestern und morgen. In den Nachkrieg gewürfelte Existenzen, verkleidet als Sommergäste. Der Harz trug seinen Teil zum Tagtraum bei. Eben noch an der Front, Flucht aus Breslau, Flucht vor den Bomben auf Leipzig, jetzt Beeren sammeln und Pilze suchen in den Wäldern. Ein Leben von Tag zu Tag, von der Hand in den Mund, aber ein Leben in Kurhotels.

Wussten sie, was um sie her vorging? Hahnenklee

war klein, sein berühmtester Bewohner war der greise König der Berliner Operette, Paul Lincke, ein Versprengter auch er. In seine Heimatstadt Berlin, in der er schon als junger Komponist so viele Erfolge erlebt hatte, noch tief in der Kaiserzeit, durfte er im Sommer nach dem Krieg nicht zurück. Freunde brachten ihn nach Hahnenklee, des angenehmen Klimas wegen, denn Lincke war krank. Im Spätsommer 1946 starb er dort und wurde dort begraben, bei der postkartenbekannten Stabkirche, der Holzkirche des kleinen Harzortes im norwegischen Stil. Aber die Breslauer Familie sah und hörte nichts davon, obwohl sich das alles in nächster Nähe zutrug. Erst viel später erfuhr der junge Mann von dem berühmten Berliner, an dessen letztem Ort auf Erden sie selbst als Proviantjäger und Beerensammler gelebt hatten.

Etwas Geld war da, die Frauen hatten es von der Bank abheben können vor ihrer Flucht in den Harz, aber die tägliche Not war groß, die Ernährungslage arg. Zwar besaßen sie Lebensmittelkarten, aber dafür gab es meist nur ein Wassersüppchen. So ging es nicht weiter, sie mussten aus dem Hotel heraus und eine Unterkunft finden, in der sie sich selbst etwas kochen konnten. Tante Martha, die älteste der drei Schwestern, ging zum Bürgermeister, und der schickte sie zu einer Pension, dem Haus auf der Alm. Ein zugezogener Schreinermeister hatte es gebaut, jetzt lebten seine

Witwe und sein jüngster Sohn dort, der ältere war gefallen wie der Schreiner selbst. Die Gäste der Pension kamen aus allen möglichen deutschen Gegenden. Zwei Frauen aus Köln, eine Familie aus Oberschlesien. Leute wie sie, in einer Lage wie sie. Dort zogen sie ein, der junge Mann erhielt sogar ein eigenes Zimmerchen, ein Meter fünfzig mal drei Meter, ein Luxus für ihn. Sie blieben den ganzen Sommer und den Winter im Haus auf der Alm, am Ende über ein Jahr.

Um ihre Versorgung zu sichern, suchte sich jede der Frauen eine Arbeit. Martha und Else kamen im britischen Offizierskasino unter, die lebhafte Else servierte, die stillere Martha fand Beschäftigung in der Küche. Spürbar besser wurde die Ernährungslage, nachdem Margarethe, die Mutter des Jungen, den Küchenchef kennengelernt hatte. Endlich gab es wieder nahrhafte Mahlzeiten. Martha brachte Speckschwarten aus der Kasinoküche ins Haus auf der Alm, Else steuerte Kaffee und Zucker bei, Margarethe Tee und Konserven. Großmutter sammelte im Wald Pilze und Beeren und der junge Mann Holz für den Kanonenofen. Jetzt ging es den sechsen gut. Es konnte nicht bessergehen.

In ein solches Idyll fährt gern der Blitz. Er schlug ein in Gestalt eines Briefes, eines amtlichen. Die britische Militärregierung forderte den jungen Mann auf, sich in der Zeche Walsum bei Oberhausen zur Arbeit unter Tage einzufinden. Sein Versuch, ein Studium aufzunehmen, schlug fehl. Nur für Offiziere erst einmal, hieß es. Nun war es nicht so, dass er im Harz müßigging. Auch dort war er dienstverpflichtet, als Waldarbeiter. Beim Förster hatte er sich melden müssen. Einteilung in Gruppen, je nachdem, was einer konnte. Dann die gefällten Bäume zersägen in ein Meter fünfzig lange Stücke. Sie stapeln. Die zur Waldarbeit ausgehobenen jungen Leute seines Alters nahmen es sportlich. «Es wurde munter drauflosgesägt», erinnerte er sich später, «das Ergebnis konnte sich sehen lassen.»

Im Wald war er gern gewesen, da war es hell und heiter, und die Luft war gut, beklommen dachte er an die rußschwarze Welt unter Tage, die ihm bevorstand. Er stieg aus dem Harz hinab, ging in Goslar zum Bahnhof, an dem er von seinen ehemaligen Mitgefangenen Abschied genommen hatte, fuhr mit dem Zug nach Oberhausen und meldete sich auf der Zeche. Man teilte ihm Arbeitskleidung zu und einen Schlafplatz in einer Baracke. Was dann folgte, daran würde er sich noch lange erinnern: «Am anderen Morgen raste ich im Fahrstuhl 975 Meter tief hinab, ungeheuer schnell. Man wies mich ein: Du legst dich da auf das Gummiband, damit geht's weiter, tiefer hinein in den Stollen, aber leg dich flach, immer schön flach, es gibt enge Stellen, wo die Kohle dich schürft, das gibt schwarze Striemen, die bleiben, die kriegst du nie wieder weg. Ich beschloss nach einem einzigen Tag: Schluss damit! Ich nahm mein Köfferchen, ging geduckt unterm Fenster des Pförtnerhauses hindurch und nahm den ersten Zug zurück in Richtung Harz.»

Bald zwei Jahre währte die Harzzeit des jungen Mannes, seiner Mutter und seiner Tanten samt Großmutter und Cousin, dann löste ihr Bund in der Not sich auf. Alle sechs gingen fort, die drei Schwestern zuerst, eine nach der anderen. Die stille Martha ging nach Goslar, wo sie fortan lebte. Die unternehmungslustige Else aus Leipzig folgte ihrem mittlerweile heimgekehrten Mann, er war Flugzeugkonstrukteur bei Junkers in Dessau gewesen, nach Kassel, wo er eine neue Stellung in der Industrie fand. Zuletzt ging die Mutter des jungen Mannes. Sie heiratete wieder. Vier Jahre waren vergangen, seitdem Richard, ihr erster Mann, in Russland gefallen war – sein Vater. Sie heiratete einen Engländer und zog mit ihm nach London.

Der junge Mann ging als Letzter, aber wohin? An eine Heimkehr war nicht zu denken, das Haus und die Welt, die er zehn Wochen nach seinem siebzehnten Geburtstag hatte verlassen müssen, gab es nicht mehr. Es führte kein Weg zurück, nicht für einen Jungen wie ihn, einen aus dem verlorenen Land. Der Vorhang, den man später den eisernen nennen würde, war schon gewebt. Er lebte, das zählte jetzt, er war entschlossen weiterzugehen. Es galt, sich nicht allzu oft umzuschauen, am besten gar nicht. Dafür war nicht die Zeit. Die Zeche, sie drohte noch immer, die Militärregierung verlangte nach dem jungen Harz-Eskapisten, sie bestand auf seinem Einsatz in der Kohle tief unter der Erde.

Seine Rettung war Onkel Erich. Ihn hatte der Krieg verschont, ein Magenleiden. Man hatte eine Verwendung in der Heimat für den frontuntauglichen Onkel gefunden, um die ihn viele, die davon hörten, beneideten. Von Lazarett zu Lazarett fahren mit einem Dienstwagen voller Filme, um sie den verwundeten Soldaten vorzuführen, das war die Aufgabe, die man ihm zuwies. Dem Onkel gefiel das so gut, dass er nach dem Krieg bei den Filmen bleiben und ein eigenes Kino eröffnen wollte.

Es kam anders. In der Gegend, in der er sich niedergelassen hatte, am nördlichen Rand der amerikanischen Zone, wurde dringend ein Straßenmeister gesucht – des Onkels eigentlicher Beruf. Der kam heraus, als der Onkel auf dem Amt die Eröffnung seines Kinos beantragen wollte und nach seiner Vorkriegstätigkeit gefragt wurde. Und weil berufserfahrene und zugleich politisch halbwegs unbelastete Kandidaten für solche staatlichen Ämter rar waren, konnte sich der Onkel dem dringenden Wunsch, doch den verwaisten

Posten zu übernehmen, nicht verweigern. Und so wurde er wieder, was er vor dem Krieg gewesen war, ein Straßenmeister.

Versüßt wurde ihm der Abschied von seinem Kinotraum durch den Dienstwagen, den man ihm zur Verfügung stellte – ein Traum auch er, ein offener Adler Trumpf Junior, ein spektakuläres gelbschwarzes Cabrio mit roten Ledersitzen und, für die damalige Zeit erst recht unerhört, einem Autoradio. Fahrtüchtige Autos waren gesucht so kurz nach dem Krieg, und so kam es, dass ein solcher Luxuswagen, von dem es hieß, nur vier davon seien jemals gebaut worden, einem so profanen Zweck zugeführt wurde. Vermutlich war der Dienstwagen des frisch ernannten Straßenmeisters beschlagnahmt worden, von wem und warum, das wusste der Onkel selber nicht, vielleicht zog er es auch vor, seinem Neffen gegenüber zu schweigen.

Nicht nur Onkel Erich hatte seine Freude am Cabrio mit den roten Ledersitzen, auch dem amerikanischen Major, mit dem er befreundet war, gefiel das auffällige Auto ganz ungemein. Der Major hatte eine deutsche Freundin und eine Idee. Er bat sich den Zweisitzer für Ausflüge mit seiner Geliebten aus. Das wiederum eröffnete einen Weg, den von der britischen Militärregierung bedrängten Neffen zu retten. Zum Dank für das ausgeliehene Cabrio und die schönen

Stunden darin tat der amerikanische Major seinem deutschen Freund den Gefallen und besorgte für dessen Neffen, der immer noch im britischen Harz festsaß, sein Schicksal im tausend Meter tiefen Schacht der Zeche Walsum vor Augen, die ersehnten Papiere für eine Übersiedlung in die amerikanische Zone.

Der Onkel kam selbst in den Harz gefahren und holte ihn ab. Schon einmal war er dort gewesen, um nach dem Neffen zu schauen. Als er sah, dass dieser viel Zeit und nichts Rechtes zu tun hatte, ging er zu dem Wirt, der nebenher das Kino von Hahnenklee betrieb, und fragte ihn, ob er einen Filmvorführer habe. Der Wirt bejahte. Da fragte der Onkel ihn, ob er denn wisse, dass er aus feuerpolizeilichen Gründen zwei Kinovorführer beschäftigen müsse, und kam auf seinen Neffen zu sprechen, der habe Zeit, sei technisch versiert und könne das machen. Der Wirt kannte die Vorschrift. Er sagte dem Onkel, seinetwegen könne der Neffe im Kino anfangen, zahlen könne er dem jungen Mann aber nichts. Macht nichts, sagte der Onkel, ich will bloß, dass er was Sinnvolles tut.

So wurde mein Vater Filmvorführer im Harz. Aber nicht für lange, denn schon bald kam der Onkel wieder in seinem Cabrio angefahren, wieder liefen die Leute von Hahnenklee zusammen und bestaunten es, und der Onkel musste das Autoradio aufdrehen. Es war seine letzte Harzfahrt, er war gekommen, um den

Neffen zu sich zu holen. So gelangte mein Vater in die amerikanische Zone und in ein neues Leben, in einem Cabrio mit roten Ledersitzen.

1955: *Aus Ruinen nach Amerika*

Als er endlich heimkehrte

nach sieben Jahren der Evakuierung, war der Junge aus Kassel zwölf Jahre alt, und seine Heimatstadt existierte nicht mehr. Mit fünf war er weggegangen, mit seiner Mutter. «Machen Sie, dass Sie aus Kassel fortkommen, Frau Lengemann», hatte man ihr geraten, «es wird Bomben geben.» Das war 1943 gewesen, und alles sprach dafür, denn in Kassel stand viel Rüstungsindustrie. Sie befolgte den Rat und ging mit ihrem Sohn Jochen nach Freyburg an der Unstrut. Bald darauf erfüllte sich die Warnung. In der Nacht vom 22. auf den 23. Oktober 1943 erschien eine alliierte Bomberflotte über Kassel, und als die Bomben ihr Werk getan hatten, gab es die Stadt nicht mehr. Eintausendfünfhundert Tonnen waren in dieser Nacht auf sie niedergegangen, zum großen Teil Phosphorbomben. Ihre Wirkung war so total, weil die kurfürstliche Residenzstadt an der Fulda damals noch weithin aus Fachwerkhäusern bestand. Kassel brannte wie Zunder.

In seinem Exil an den Weinhängen des Unstruttals wurde der Junge zwar von den Bomben verschont, aber nicht von den Bildern. Gut hundertfünfzig Kilometer Luftlinie liegt Freyburg von Kassel entfernt, und doch lag es im Oktober 1943 nicht fern genug, um dem, was daheim geschah, ganz zu entgehen. Ein Feuerball stand am westlichen Himmel, so hell, dass Jochen Lengemann ihn sehen konnte von seinem Garten über der Unstrut aus. Am Nachthimmel beobachtete er den roten Schein des Feuers, in dem seine Heimatstadt verglühte.

Was eben noch eine eng bebaute Altstadt gewesen war, glich nun einer Wüste, aus der hier und da steinerne Relikte aufragten wie Überreste einer vor Zeiten untergegangenen Zivilisation. Wer noch hier war, hatte jetzt freien Blick von einem Ende der Wüstung Kassel zum anderen. Die meisten Bewohner waren fort, entweder rechtzeitig evakuiert oder in Panik geflohen nach dem Inferno. Nur noch siebzigtausend Menschen hausten bei Kriegsende in den Ruinen ihrer vollkommen zerstörten, eigentlich unbewohnbaren Stadt, weniger als die Hälfte der Bevölkerung – fünfundachtzigtausend hatten das Weite gesucht. Sie waren in die umliegenden Landkreise geflohen oder weiter weg, nach Thüringen oder ins preußische Sachsen wie die Lengemanns.

Nicht nur der Untergang seiner Stadt, auch das Kriegsende brannte sich dem Jungen als unvergessliches Bild ein. Er war nun sieben und besuchte in

Freyburg die Volksschule. Am 11. April 1945 sah er seinen Lehrer allein und mit einer Panzerfaust bewaffnet einer amerikanischen Panzerkolonne entgegengehen. Zwei Kolonnen rückten auf Freyburg zu, eine von Norden, die andere von Westen her – diesen Panzern ging der Lehrer, der zugleich Ortsgruppenleiter der NSDAP war, auf der Straße zum Dorf Balgstädt entgegen. «Es waren Hunderte Panzer, die auf ihn zukamen. Natürlich wurde er sofort erschossen.»

Dann war der Krieg vorüber, aber an Heimkehr nicht zu denken. Wo hätten sie wohnen, wovon sich ernähren sollen? Selbst wenn die Evakuierten es dennoch gewagt hätten, aus Freyburg heimzukehren, man hätte es ihnen verwehrt. In den ausgebrannten Ruinen herrschte ein Notregiment. Zuzug oder Rückkehr wurden nur denen erlaubt, die irgendwie zum Aufbau des Allernötigsten beitragen konnten – Strom, Wasser, Dach überm Kopf. So blieb der Junge fürs Erste mit der Mutter in Freyburg und besuchte dort weiter die Volksschule. Sein Vater versuchte derweil, in der Heimat wieder beruflich Fuß zu fassen. Erst wenn das einigermaßen geschafft wäre, würde er die Familie nachholen. Das zog sich hin. Erst 1950 kehrten sie heim.

An den Vater musste er sich erst wieder gewöhnen. In seinen vaterlosen Freyburger Jahren hatte er eine größere Selbständigkeit entwickelt, als sie unter behüteteren Umständen in seinem Alter üblich gewesen wäre. In den ersten Jahren nach dem Krieg herrschten Hunger, Not und jene Kunst der Improvisation, die in solchen Zeiten immer gedeiht und denen hilft, die sie beherrschen. Der Junge hatte früh diese gewisse Kühnheit, ohne die es nicht geht. Ab und zu waren Reisen nötig, um dies und das zu besorgen, abenteuerliche Fahrten in Zügen, deren im Krieg zerstörte Fenster notdürftig mit Pappen vernagelt waren.

Auch kurze Besuche beim Vater gab es. Ihn hatte es auf einen nordhessischen Bauernhof verschlagen, eine Rückkehr ins ruinierte Kassel war auch ihm vorerst nicht möglich. Die deutsche Teilung wurde mehr und mehr spürbar, auch für die Familie. Denn Freyburg lag jetzt im Osten und Kassel im Westen. Einander zu besuchen geriet zum Abenteuer. Jochen Lengemann fuhr mit seiner Mutter so nah wie möglich an die Zonengrenze heran, dann ging es zu Fuß durch den Wald nach Hessen hinüber. Unterwegs in den Dörfern erkundigte man sich, wann die Sowjetsoldaten, die die Zonengrenze kontrollierten, ihre Wachwechsel hatten. Davon hing der weitere Weg von Mutter und Sohn zum Vater im Westen ab. Denn die Russen nahmen sich Zeit bei ihren Wachwechseln. Wenn der eine Trupp seinen Dienst beendet hatte und abrückte, dauerte es eine Weile, bis der neue Trupp erschien. So lange blieb die Zonengrenze unbewacht –

das war der Moment, durch den Wald hinüberzulaufen.

An die amerikanische Zone gewöhnte sich der Junge, als sie schließlich ganz dorthin gingen, schnell. Kassel lag an ihrem nördlichen Rand, und vieles war hier anders als in der sowjetischen Zone, in der er bisher mit der Mutter gelebt hatte. Sogar ein Amerikahaus gab es in Kassel, hier las er seine ersten amerikanischen Bücher. Ihn faszinierte das alles, vielen seines Alters ging es so. Amerika hatte auf einen jungen Deutschen jener Jahre eine betörende Wirkung – und musste sie haben nach dem totalen Zusammenbruch von allem, nicht bloß der Steine, der Städte, auch der Ideen, der Selbstverständlichkeiten, der Autoritäten. Alles hier war geschlagen und schwer, Entbehrung und Not. Alles dort schien sorglos und licht, ein einziges Versprechen. «Ich wurde schnell zum Amerika-Fan.»

Mittlerweile besuchte er das Gymnasium. Als der Englischlehrer eines Tages ankündigte, zwei Schüler seiner Klasse könnten sich für ein Schuljahr in den USA bewerben, war es sein sehnlicher Wunsch, einer dieser beiden zu sein. Doch zunächst einmal mussten Auswahltests bestanden werden. Der erste fand im Kasseler Amerikahaus statt, er ging gut aus für ihn. Kniffliger wurde es beim zweiten Test in Frankfurt. Er saß einem Herrn gegenüber, der ihn in einer Weise prüfte, an der ein Sechzehnjähriger eigentlich nur scheitern konnte.

«Wie heißt die Vertretung eines Landes in einem anderen?»

«Botschaft.»

«Falsch.»

«Gesandtschaft.»

«Falsch.»

«Generalkonsulat.»

«Falsch.»

Jochen Lengemann muss lachen, wenn er das heute erzählt. Er wusste alles damals, er bot seinem Prüfer all die Bezeichnungen diplomatischer Vertretungen an. Und der Prüfer sagte jedes Mal: Falsch. «Er wollte hören: Konsulat. Er wollte sehen, wie ich ärgerlich wurde bei dieser Prozedur. Es war Erich Dombrowski, der Gründungsherausgeber der Frankfurter Allgemeinen Zeitung.»

Er bestand die Prüfung. Bevor es aber endlich losgehen konnte ins unbekannte, aufregende Amerika, hatten die Auserwählten noch eine Tagung im Taunus zu absolvieren. Dort gab man den jungen Deutschen letzte Instruktionen mit auf den Weg: Zieht keine Lederhosen an. Und nehmt so wenig wie möglich von daheim mit, ihr kriegt dort alles neu. Schließlich war es so weit, im Sommer 1954 fuhr Jochen Lengemann nach Bremerhaven, ging an Bord der «SS Neptunia» und stach in See als einer von 856 deutschen Schülern unterwegs nach New York.

Es war der Sommer von Bern. Tor! Tor!! Tor!!! Er hatte das Endspiel gesehen, was alles andere als eine Selbstverständlichkeit war im kriegszerstörten Kassel, aber da gab es diesen Elektroladen. In dessen rappelvollem Hinterzimmer hatte er vor dem kleinen Fernseher des Ladenbesitzers gehockt und gefiebert. Und er hatte gespürt, etwas ändert sich. Etwas Neues kommt. Es war aber nicht nur der Sommer von Bern, es war überhaupt wieder mal Sommer. Hatte es, solange er ein Kind war, vor lauter Krieg und Nachkrieg, vor lauter Ernst und Not überhaupt je einen Sommer gegeben?

«Ein Sommerempfinden», sagt Jochen Lengemann heute, «Sommer als helle, unbeschwerte Zeit – das setzte erst Mitte der fünfziger Jahre ein. Sommerlich in die weite Welt hinausgehen, das gab es in der Nachkriegszeit nicht. Der Onkel in Fulda hatte einen Garten, da fuhr man eine Woche oder zwei in den Ferien hin, das war alles.» Als die Deutschen wieder begannen, den Sommer zu empfinden, war der Junge, der es registrierte, sechzehn und auf dem Atlantik unterwegs nach Amerika.

Am Kai in New York wurden die deutschen Schüler erwartet. Amerikaner standen da, in den Händen trugen sie Schilder ihrer gastgebenden Organisationen.

«American Field Service», «United Brethren Church», «Kiwanis Club of Georgia». Die Schüler wurden verteilt. Ihm wurde gesagt, er komme nach Georgia, in eine kleine Stadt namens Winder, in eine Familie dort. Georgia, das war der amerikanische Süden, so viel wusste der Junge. Eine längere Zugfahrt dorthin stand ihm bevor, keine so schlechte Art, in Amerika anzukommen. Als sein Zug schließlich in Gainesville hielt, kurz vor Atlanta, hatte er einiges gesehen. Städte, um Hochhäuser geschart statt um Kathedralen. Landschaften einer größeren Dimension. Autos mit ausladenden Flossen. Menschen, weiß und schwarz. Auf dem Bahnhof von Gainesville erwartete ihn sein Gastvater. Clay, stellte er sich vor.

Clay Howard war selbständig wie erstaunlich viele hier. Er betrieb ein Eis- und Kohlengeschäft, im Winter verkaufte er die Kohlen, im Sommer das Eis. Es kam, wie im Taunus angekündigt: Der Junge aus Kassel wurde komplett neu ausgestattet, von der Wäsche bis zum Nagelknipser. Und es dauerte nicht lange, da hatte er seine erste Begegnung mit amerikanischer Politik. «Ich sah einen Dodge und den Aufkleber darauf: ‹Marvin Griffin for Governor!› Ich fragte, was das sei. ‹So ist das hier›, war die Antwort, ‹wir zeigen, wofür wir sind.› Das kannte ich nicht. Das Wahlgeheimnis war wirklich eines bei uns in Deutschland. Man dachte sich, was der andere wählte, aber man sagte es nicht.»

Sein Gastvater merkte, dass sich der junge Deutsche für Politik interessierte, und nahm ihn mit zu einer Versammlung. «Vor dem Court House stand ein Pick-up-Truck, von der Ladefläche herab sprach ein Redner, er begann mit den Worten: ‹Ladies and Gentlemen, dear niggers!› Die Schwarzen standen am Rande der Versammlung.» Und noch etwas fiel dem Schüler aus Deutschland auf: «Es war faktisch ein Einparteiensystem.»

Der amerikanische Süden der fünfziger Jahre war unangefochtenes Demokratenland, die Demokraten galten als die Partei des Südens. Die Rassentrennung in den Schulen war eben erst abgeschafft worden. Acht Wochen vor der Ankunft des jungen Deutschen im Sommer 1954 war sie bundesstaatlich untersagt worden, aber das stand vorerst nur auf dem Papier – im Süden war sie immer noch selbstverständlich. Marvin Griffin, dessen Wahlaufkleber dem Schüler zuerst aufgefallen war, wurde in jenem Jahr als entschiedener Kämpfer für die Segregation zum Gouverneur von Georgia gewählt.

Doch der Sechzehnjährige aus Kassel ging nicht als politischer Rezensent durch sein Jahr in den USA – die «dear niggers» oder Eigenheiten des amerikanischen Parteiensystems waren ihm Facetten seiner Erfahrungen dort, das schon, aber er nahm sie nicht her, um sich daraus ein festgefügtes Amerikabild zu zimmern. Dazu war dieses amerikanische Jahr einfach zu faszinierend für einen deutschen Beamtensohn und Gymnasiasten, dessen Heimatstadt in Trümmern lag. Er habe, erinnert er sich, das Jahr in jeder Beziehung genossen. So vieles war neu, manches begeisterte ihn. Er durfte – daheim in Deutschland undenkbar – seine Schulfächer frei wählen. Sein Interesse für das Politische schlug durch, er wählte American History und American Government. «Latein, Französisch und Naturwissenschaften kamen in meinem ganzen Jahr dort nicht vor. Die amerikanische High School war damals nicht so sehr zur Wissensvermittlung da, sie war der Tiegel, in dem das amerikanische Volk geschmolzen wurde. Man lernte, was bei uns fürs Abitur nötig ist, später auf dem College.»

Seine Entdeckung Amerikas war vor allem die Entdeckung des Politischen in amerikanischer Ausprägung. Denn natürlich fiel ihm besonders das auf, was anders war als in der Heimat, und aus Erstaunen wuchs Erkenntnis. «Ich begriff, dass das Leben nicht nur ein Beamtenleben ist, wie ich es von daheim kannte, wo man Lehrer in meiner Familie war seit zwei Generationen. Es gab auch ein Geschäftsleben. Ein politisches Leben. Ein Clubleben. Das habe ich in meiner Zeit in Amerika stark inhaliert.»

Um das Politische zu finden, war es nicht einmal nötig, in die Stadt zu gehen und Versammlungen zu beobachten, selbst seine Schulklasse war politisch organisiert. Sie hatte einen Präsidenten, einen Vizepräsidenten, einen Schatzmeister. Auch für den deutschen Gastschüler suchte man ein solches Amt, und weil keines mehr frei war, erfand man eben ein neues. Jochen Lengemann wurde Vizeschatzmeister der Klasse. Seine Aufgabe war es, Geld für die Klassenfahrt einzutreiben, und auch sie geriet zum Politikum. Zwei Ziele standen unter den Schülern zur Debatte, die Ozark Mountains und die Hauptstadt Washington – für und wider wurden debattiert, regelrechte Kampagnen geführt. Den jungen Deutschen zog es diesmal nicht an den Ort der Politik, er wäre lieber in die Ozark Mountains gefahren, aber die Washington-Fraktion siegte. Es gab nämlich in Washington einen Senator aus Winder, den Demokraten Richard B. Russell, und der Senator stand in dem Ruf, Schulklassen aus seiner Heimat immer großzügig zu empfangen. Noch eine Erkenntnis fürs Leben: So schlicht funktioniert manchmal Politik.

In Washington wurden die Schüler aus Georgia zu den bedeutenden Orten der Hauptstadt geführt. Bei Jochen Lengemann blieb, wie wohl bei allen Schülern, die derartige Fahrten unternehmen, die Erinnerung an die Details des offiziösen Besuches eher schwach – mit zwei Ausnahmen. Fasziniert stand der Junge aus Kassel vor dem Original der amerikanischen Unabhängigkeitserklärung, die im Nationalarchiv verwahrt und gezeigt wird. Ebenso lebhaft würde er sich später an den Besuch der National Gallery erinnern – nie zuvor hatte er eine solche Kunstsammlung gesehen.

Im Sommer 1955 endete sein amerikanisches Jahr, und Jochen Lengemann trat die Rückreise an, wieder per Schiff, mit ihm fuhren nun rund tausend Austauschschüler heim nach Europa; nicht nur Deutsche gingen an Bord, es waren Schüler aus sechzehn europäischen Nationen.

Das Erste, woran er sich daheim wieder gewöhnen musste, waren die beengten Verhältnisse. Als er fortgegangen war, hatte seine Familie in einer engen Dachgeschosswohnung gelebt, inzwischen war man in eine etwas größere Wohnung in einem der wiederaufgebauten Häuser umgezogen. Eine Heizung gab es aber immer noch nicht, und er musste sich ein Zimmer mit seinem Bruder teilen – drüben in Amerika war er es gewohnt gewesen, allein zu schlafen.

Und doch fand er seine Stadt verändert vor, die Atmosphäre war eine andere als im Sommer zuvor. «Ich habe Kassel verlassen als eine Stadt, in der man das materielle Überleben sicherte. Es gab zu essen, es gab Wohnungen im Siedlungsstil, es gab Subsistenzwirtschaft, aber es gab keine Ambition außer der, dass es einem besserginge. Das Geistige war ganz am Rande – ein Pflänzchen, das zwar nicht sterben sollte, um das man sich jetzt aber nicht kümmern konnte. Als ich im Sommer 1955 wieder heimkam, da erschien mir Kassel auf einmal hell. Nicht mehr grau wie im Sommer davor. Das Kassel, das ich im Sommer 1954 verließ, war eine Stadt in Ruinen, das Kassel, das ich im Sommer darauf wiedersah, war eine Stadt im Aufbau.»

Und mehr als das, die aus ihrer völligen Verwüstung sich aufrappelnde Stadt entwickelte Ambition. Noch kriegswund und kriegsblind, noch in Ruinen liegend, ein Schatten einstiger Schönheit, Wohlhabenheit und Bedeutung, machte Kassel sich anheischig, so etwas wie die deutsche Hauptstadt der Abstraktion zu werden, denn in ihrem Zeichen stand die deutsche Nachkriegsmoderne. Von seinen Eltern erfuhr er die Neuigkeiten. «Wir haben jetzt hier Bundesgartenschau. Und noch eine Veranstaltung, die nennt sich Documenta.»

Den Documenta-Machern ging es um nicht weniger als um eine radikale Umwertung deutscher Kunst, um ihren Anschluss an die Weltkunst, wie sie sie verstanden. Den Start der Documenta umwitterte ein in seiner Bitterkeit heute kaum noch begreiflicher Streit zwischen Anhängern des Gegenständlichen und Parteigängern des Abstrakten, es war ein weltanschaulicher Fundamentalkrieg, und es ging um weit mehr als um konkurrierende Kunststile.

Zwei deutsche Mentalitätstypen bekriegten sich

nach dem Krieg – die Melancholiker und die Missionare der Moderne. Die Freunde der gegenständlichen Kunst neigten eher der Melancholie zu, sie sahen sich auf verlorenem Posten, sie verteidigten etwas, sie waren konservativ, selbst wenn sie politisch links standen. Die Optimisten hingegen begrüßten den Kahlschlag, den der Krieg hinterlassen hatte – für sie war nun die Stunde radikaler Neubesinnung gekommen. Ihr Optimismus war ein Erlösungsoptimismus, ihre New Religion war die «Weltsprache der Abstraktion». Das Abstrakte in der Kunst, aber auch darüber hinaus, wirkte unwiderstehlich auf diese deutschen Geistesmenschen – übersetzend an das rettende Ufer der Abstraktion, konnten sie das Schuldgestade hinter sich lassen. Denn wenn die Abstraktion die Weltsprache war oder doch wenigstens die gemeinsame Sprache Europas, dann war, wer sie sprach, fortan ein Weltbürger und Europäer – ergo kein Deutscher mehr.

Dann eröffnete die Documenta im Fridericianum. So etwas hatte Kassel, hatte Deutschland noch nie gesehen: abstrakte Kunst, ausgestellt vor nichts als wehenden Tüchern, gehalten von rohen Eisenstangen. Wenn die Parole vom Kahlschlag, von der ästhetischen Stunde null ein Bild fand, ein ganz frühes, ganz rohes, dann dieses.

Und was die Tücher und Eisenstangen im Fridericianum waren, das war die Treppenstraße im Städtebau. Schon 1953 gebaut als breit und flach gestufter Fußweg, sanft absteigend vom zerstörten Bahnhof zur zerstörten Oberen Königstraße, führte sie mitten durch die zertrümmerte Innenstadt aufs Fridericianum zu. Ein Laufsteg der neuen Zeit – schwer zu sagen, was er war, eine Kühnheit oder eine Verrücktheit. Durch die Ruinenlandschaft Kassel einen solchen Flanierpfad zu legen, das erinnert an die ersten Jahre nach dem Fall der Mauer, als in den Ruinen von Berlin-Mitte lauter schicke Clubs und Galerien entstanden. Aber das Berlin nach 1989 verzog sich in Keller, Tresore und Bunker. Es ging *underground.* Das Kassel nach dem Krieg ging ins helle Licht einer neuen Zeit. Es stellte sich den neuen Menschen vor, Stufe um Stufe die Treppenstraße herabschreitend wie Marilyn Monroe bei einer Gala. Was es auch war, kühn oder verrückt oder beides, es war radikal gedacht. Neue Menschen, ihr Glück nicht mehr in der Nation suchend und in deren kriegerischen Exzessen, vielmehr ihr Glück darin findend, von Geschäft zu Geschäft treppab zu wandeln statt von einem Extrem ins andere.

Als Jochen Lengemann fortgegangen war, war die Orangerie in der Karlsaue ein grauer Trümmerhaufen gewesen; jetzt war diese Ruine nicht nur gesichert, ein verandaartiges Gebäude verband Eck- und Mittelpavillon, es standen sogar wieder Pflanzen darin. Alles wirkte heller, lebendiger. Die Ruinen, in denen der Junge gespielt hatte, waren im Laufe seines amerikanischen Jahres abgetragen worden, die hohen Trümmerberge waren geräumt. Und vom Flughafen Frankfurt erzählten die Eltern. «Da müssen wir unbedingt einmal hinfahren.» Es gebe jetzt wieder eine Deutsche Lufthansa. Und neue Flugzeuge, sogar einige Super Constellations. Und die Briefmarke zum Flughafen, die habe ein Kasseler Künstler gestaltet, Karl Oskar Blase.

Sie fuhren hin. Sie standen auf der Besucherterrasse des Frankfurter Flughafens, und ein Wort stellte sich ein – große Welt. Der Junge merkte, etwas war anders geworden. «Zum ersten Mal habe ich wieder eine Art Stolz bei meinen Eltern gespürt. Mit Bern 1954 hatte es angefangen.» Bald darauf sah er im Kino eine Wochenschau: Adenauer fliegt nach Moskau! In einem dieser modernen Flugzeuge, von denen ihm die Eltern so begeistert berichtet hatten. Jeder damals verstand das Zeichen: Deutschland steht nicht mehr total unterm Schirm der Alliierten, es tritt selbständig auf der Weltbühne auf. Und Adenauer verhandelt in Moskau über die Rückkehr der deutschen Kriegsgefangenen.

Eines Abends, etwas über ein Jahr nach seiner Rückkehr aus Amerika, trat Jochen Lengemann, den es mehr und mehr zum Politischen zog, in die CDU ein. Es war ein besonderer Tag, an dem er das tat, der 23. Oktober 1956, der Abend des Tages, an dem der Ungarnaufstand begann. Er besuchte eine Wahlversammlung in einem Traditionslokal im Stadtteil Wilhelmshöhe, das in seiner holzgetäfelten Gutbürgerlichkeit eher dem alten, untergegangenen Kassel angehörte als dem neuen der Nachkriegsmoderne.

Eigentlich ging es um eine anstehende Kommunalwahl, aber was die Leute an diesem Abend aufwühlte, war die dramatische Situation in Ungarn. Dort standen, ausgelöst von anfangs friedlichen Studentenprotesten gegen die stalinistische Regierung, große Teile des Volkes auf. Die Ziele des Aufstandes waren Demokratie und nationale Unabhängigkeit. Den ganzen Tag über schwoll die Menge der Protestierenden in Budapest an. Am Abend ließ die Regierung auf das Volk schießen. Bald darauf stürzte die alte Regierung und eine neue aus Reformkommunisten und Sozialdemokraten ersetzte sie. Sympathisierende Teile der ungarischen Armee wechselten auf die Seite der Aufständischen. Ungarn erklärte seine Neutralität und seinen Austritt aus dem sowjetisch dominierten Warschauer Militärpakt, die neue Regierung forderte die im Land stehenden Sowjettruppen auf, Ungarn zu verlassen – alles Ungeheuerlichkeiten im festgefrorenen Europa des Kalten Krieges. Im November schlugen sowjetische Truppen den Aufstand nieder, nach blutigen Kämpfen im ganzen Land. Es folgte ein Exodus freiheitsliebender Ungarn nach Westen.

Am Abend des 23. Oktober brach sich das alles erst Bahn, niemand konnte sagen, wie es ausgehen würde, aber jeder verstand, dass etwas Hochdramatisches in Ungarn seinen Lauf nahm. Und natürlich dachte jeder ans eigene Land – begann doch der sowjetisch beherrschte Teil Deutschlands gleich östlich von Kassel. Die Teilung war erst elf Jahre alt, viele hatten Familie drüben oder beruflich dort zu tun gehabt, oder sie waren in die Nachbarregion vor den Bomben geflüchtet wie Jochen Lengemann und seine Mutter. Jetzt war er achtzehn, und der Schritt in die Politik, den er an diesem Abend tat, stand ganz unter dem Eindruck der ungarischen Ereignisse – ein europäischer Schicksalsmoment löste eine persönliche Entscheidung aus.

Bald darauf fuhr er mit der Klasse nach Westberlin und besuchte dort eine große Kundgebung vor dem Schöneberger Rathaus. Willy Brandt sprach und auch Ernst Lemmer, der Fraktionsvorsitzende der CDU im Abgeordnetenhaus. Zu seinem Erstaunen hörte der junge Mann aus Kassel, Lemmer habe dank seiner guten Verbindung zur Berliner Stadtreinigung die Westberliner Müllwerker mobilisiert, damit sie einen Marsch auf Ostberlin aus der Kundgebung heraus verhinderten. Offenbar fürchteten führende Westberliner

Politiker, so etwas könne spontan passieren – mit unabsehbaren Folgen, denn in Ostberlin stand die Rote Armee.

Es fällt heute schwer, sich vorzustellen, wie konkret und geradezu handgreiflich die Weltpolitik jener Zeit in die deutschen Dinge hineinfunkte. Vielleicht hatte es damit zu tun, dass Jochen Lengemann seinem Vater erst Monate später von seinem Eintritt in die CDU erzählte. Er wusste, dass sein Vater starke Bedenken dagegen hegte, überhaupt in eine Partei zu gehen. Gewiss aus einem traditionellen Beamtenethos heraus, aber es war eben auch so, dass Politik in den fünfziger Jahren noch weit näher am Rand des Krieges stand – des letzten und zugleich eines nicht unmöglichen neuen –, als es späteren Friedensgenerationen geläufig sein würde.

Wie dem auch sei, der junge Mann traf seine Entscheidung allein. Sie erwies sich als erster Schritt zu einer politischen Karriere, die ihn in den Hessischen Landtag und später in die erste frei gewählte thüringische Landesregierung führen würde – doch das sind andere Sommer.

1965: *Der Prozess*

Wie war das –

Student sein am Vorabend der Studentenbewegung? Ausgerechnet in Frankfurt, das bald einer ihrer Brennpunkte sein würde, und auch noch am Institut für Sozialforschung, aus dem angeblich die Ideen der Revolte kamen. Lag der Aufstand in der Luft, oder kam er eruptiv? Und stimmt es, dass die Studentenbewegung die Reaktion auf die Verdrängung der NS-Zeit war? Hätte es die Revolte sonst nicht gegeben?

Peter Kalb studierte am Vorabend der Studentenrevolte am Institut für Sozialforschung. Frankfurt war seine Heimatstadt, 1963 hatte er sein Abitur am Lessing-Gymnasium gemacht. Latein und Altgriechisch waren dort selbstverständlich, aber auch die jüngste Vergangenheit beschäftigte das Gymnasium kursorisch. In einer Etage hingen Bilder von Widerstandskämpfern gegen den NS-Staat. Dennoch, so erscheint es Peter Kalb heute rückblickend, blieb die NS-Zeit in seiner Schule im Vagen, jedenfalls da, wo es wirklich wehtat. «Ja, die Diskussion über den Nationalsozialismus gab es, aber mein Eindruck war, über Auschwitz wurde nichts erzählt. Ich wusste, es war ein Unrechtsregime gewesen, es gab viele Opfer, auch rassisch definierte, aber vom Ausmaß der industriellen Vernichtung hatte ich keine Vorstellung.»

An der Frankfurter Universität schrieb er sich erst bei den Theologen ein, wechselte aber bald zum Institut für Sozialforschung, wo zwei berühmte Emigranten lehrten, Max Horkheimer und nach ihm Theodor W. Adorno, beide hatten die NS-Zeit im amerikanischen Exil überlebt. Es war eine Zeit vor der Massenuniversität, die Beziehungen der Studenten zu ihren Professoren trugen oft noch persönlichen Charakter.

Peter Kalb studierte bei Adorno. Der las immer im selben Hörsaal VI, und der war immer rappelvoll. Studenten aller möglichen Fachbereiche gingen hin, um dem öffentlichen Intellektuellen beim Denken zuzuschauen. Seine Schüler erkannte man daran, dass sie seinen Sound nachahmten, diesen synkopisch-rhapsodischen Jargon mit dem nachgestellten Verb. Und so modern und kritisch das adornitische Frankfurt der sechziger Jahre argumentierte und klang – zum Hörsaal VI gehen, Adorno hören, das hatte etwas vormodern Universelles, das war noch wesensverwandt mit der Haltung von Studenten der Goethezeit, die zu Vorlesungen der intellektuellen Stars ihrer Epoche geeilt waren.

Dass die Studenten, die Adorno an den Lippen hingen, sich bald radikalisieren und von ihm vehement fordern würden, seiner marxistisch inspirierten Gesellschaftskritik nun Taten folgen zu lassen, wogegen Adorno sich verwahrte, dass sie daraufhin seine Vorlesung stürmen und sein Institut besetzen würden, das alles konnte sich 1963 oder 1965 weder Peter Kalb vorstellen noch sonst ein Frankfurter Professor oder Student.

Adorno hörte er, mit Max Horkheimer freundete er sich respektvoll an. «Wenn er aus Montagnola im Tessin kam, wo er sein Haus hatte, holte ich ihn mit meiner gelben Ente vom Bahnhof ab. Horkheimer war Ehrenbürger der Stadt Frankfurt, er wohnte immer im Hotel ‹Interconti›.» Eines Tages fragte er Horkheimer, ob er bei ihm promovieren könne, über einen Aspekt des Auschwitz-Prozesses, nämlich über den Widerstand in Auschwitz. Horkheimer stimmte zu und besorgte Peter Kalb ein Stipendium der Studienstiftung des deutschen Volkes. Für den Studenten begann nun eine Zeit der Reisen. Er besuchte überlebende Auschwitz-Häftlinge in Polen, in der damaligen ČSSR und in England und befragte sie nach ihren Erinnerungen an das Konzentrationslager.

Er fand einiges über den Widerstand dort heraus: Siebenhundert Fluchtversuche soll es gegeben haben, dreihundert davon seien gelungen, der Rest gescheitert.

Und die Kommunisten im Lager und der konservative polnische Widerstand draußen hätten einander zwar misstraut, aber man habe in Kontakt gestanden. Der Student aus Frankfurt hörte Berichte von Erdlöchern zwischen zwei Postenketten, in denen ein Flüchtender habe ausharren können bis zum Abzug des Postens. Und von einer Chemikalie, um Wachhunde zu neutralisieren.

Peter Kalb wollte es genauer wissen. Er versuchte, mit dem früheren polnischen Widerstand Verbindung aufzunehmen, um diese Berichte zu verifizieren – ein vergeblicher Versuch in den frühen Sechzigern, mitten im Kalten Krieg. Authentisches erfuhr er erst von einem ehemaligen Auschwitz-Häftling. «Hermann Langbein war Schreiber im Häftlingskrankenbau gewesen und hatte schnell Kontakt zu inhaftierten Kommunisten gefunden. Er erzählte mir von einer Liste mit SS-Leuten, die in Auschwitz eingesetzt waren, sie wurde aus dem Lager geschmuggelt, mit deren Namen und Geburtsdaten, die Liste ging nach England, um in der BBC verlesen zu werden. Daraufhin habe sich das Verhalten der SS-Leute merkbar geändert.»

Diesen Mann hatte Peter Kalb nicht bei seinen Rechercheреisen kennengelernt, sondern daheim in Frankfurt beim ersten Auschwitz-Prozess, der zum entscheidenden Erlebnis seiner Studentenzeit und vielleicht seines Lebens wurde. Zum Prozess, der von

Dezember 1963 bis August 1965 dauerte, reisten damals Zeugen aus aller Welt an, die vor Gericht aussagen sollten, ehemalige Lagerinsassen aus dem Stammlager Auschwitz und aus Auschwitz-Birkenau. Diese Männer und Frauen kannten niemanden in Frankfurt, und niemand empfing oder betreute sie. Um das zu ändern, hatten im April 1964 einige Damen aus dem Frankfurter Bürgertum um Emmi Bonhoeffer und Ursula Wirth damit begonnen, sich um die Zeugen zu kümmern, solange sie in ihrer Stadt waren. Emmi Bonhoeffer war die Witwe Klaus Bonhoeffers, der nach dem Attentat vom 20. Juli 1944 verhaftet und am 23. April 1945 kurz vor Ende des Krieges, als die Rote Armee bereits die Außenbezirke Berlins erreicht hatte, hingerichtet worden war.

Die Damen wandten sich an Peter Kalbs Vater, der im hessischen Landesvorstand des Roten Kreuzes arbeitete, und baten ihn um Unterstützung, und Kalb senior gab die Bitte an seinen Sohn weiter. So fiel es dem Adorno-Studenten zu, Zeugenbetreuer im Auschwitz-Prozess zu werden. Dort lernte er dann den Mann kennen, der ihm von der zur BBC geschmuggelten Liste mit Namen von SS-Leuten in Auschwitz erzählte.

Die Zeugen landeten auf dem Frankfurter Flughafen, oder sie kamen mit dem Zug am Hauptbahnhof an. Wenn dann die Damen auf sie zugingen und sich ihnen vorstellten, taxierten die Überlebenden der Lager sie. Es war zu spüren, welche Frage ihnen durch den Kopf ging: Was haben diese Frauen wohl im Dritten Reich gemacht? Was wiederum die Frauen belastete, denn ehemaligen Auschwitz-Häftlingen sagte der Name Bonhoeffer ja nichts, und auch der Begriff deutscher Widerstand war ihnen fremd. Die Frankfurterinnen wollten den Zeugen helfen und ihnen die Zeit in Frankfurt etwas angenehmer machen, aber wenn sie dann einander begrüßt hatten, entstand oft eine unangenehme Pause, ein Schweigen. «Bei mir war das nicht so», erinnert sich Peter Kalb, «ich war schlichtweg zu jung, um in der Partei oder in der SS gewesen zu sein.»

Die Zeugen wurden oft im «Hotel Rex» in der Berliner Straße einquartiert. Mitunter kam es zu dramatischen Begegnungen im Haus Gallus, wo der Prozess stattfand. Ein Zeuge aus Polen, mit dem Peter Kalb sich befreundete, war Stanislaw Kaminski. «Ich fahre mit ihm im Hotelaufzug hoch, da steigt eine Frau ein, ihr Anblick trifft ihn wie ein Keulenschlag. Er sagt nichts. Ich sage auch nichts, ich will nicht in ihn dringen. Anschließend gehen wir essen. Da fragt er mich: ‹Weißt du, wer das war?› Ich weiß es natürlich nicht.» Kaminski sagt es ihm: «Es war Frau Höß.» Die Frau des Lagerkommandanten von Auschwitz, der nach dem Krieg hingerichtet wurde.

Und Stanislaw Kaminski kannte Hedwig Höß nicht nur aus der Ferne. Er hatte sich in Auschwitz öfter durch irgendwelche kleinere Arbeiten gerettet, die er für die SS-Leute leistete. Schreibmaschinen reparieren zum Beispiel, obwohl er das eigentlich gar nicht konnte. Wenn etwas zu tun oder zu reparieren war, musste er mit anderen Kameraden in die Villa Höß. Dort habe ihm Hedwig Höß gedroht und dabei nach draußen gezeigt: «Wenn du nicht spurst, geht's ab durch den Kamin.» Das erzählte er nun Peter Kalb. Auch über die jähe Begegnung in der Enge des Fahrstuhls sprachen sie. «Er hätte sie ansprechen können im Aufzug. Er hat es nicht geschafft.»

Die Szene hat sich eingebrannt, es ist Peter Kalb heute noch anzusehen, dass er sie vor sich sieht, während er sie erzählt. Über ein Jahr lang betreute er Männer und Frauen, die nach Frankfurt gereist waren, um über ihre Zeit in der Mordfabrik Auschwitz auszusagen – Auge in Auge mit etlichen ihrer Peiniger.

Ihm habe seine grenzenlose Naivität geholfen, sagt Peter Kalb heute über seinen Einsatz. «Wenn ich genau gewusst hätte, was die Leute, die ich am Bahnhof abholte, durchgemacht hatten, dass sie im Sonderkommando gewesen waren, das die Leichen verbrannte, hätte es mich enorm belastet.» Ab und an traf er die hilfreichen Damen. Man trank dann Unmengen Tee, aber groß darüber gesprochen, was sie taten und wen sie trafen, wurde nicht. «Und es war gut so. Ich bin zum Bahnhof. Was kann ich für Sie tun? Möchten Sie sich was anschauen in Frankfurt? Möchten Sie essen gehen? Und wenn sie dann im Prozess ihre furchtbaren Dinge ausgesagt hatten, trafen wir uns hinterher und sagten: So, jetzt mal auf andere Gedanken kommen. Mal den Main anschauen, den Römer. Wir haben auch gelacht. Haben uns angefreundet. Die Menschen sind unterschiedlich. Manche sagten, ich wollte eigentlich nicht aussagen, ich tue es für die umgebrachten Kameraden oder Landsleute. Andere haben gekotzt vor Aufregung, aber als sie die Aussage hinter sich hatten, war es eine Erleichterung, eine ungeheure Last fiel von ihnen. So, sagten sie dann, jetzt wollen wir was essen gehen. Ich habe sie nie gedrängt, von damals zu reden. Sie wollten es auch oft gar nicht. Ich war dazu da, ihnen die Zeit in Frankfurt zu erleichtern, das war meine Aufgabe.»

Was Peter Kalb rückblickend seine Naivität nennt, teilte er mit jener Zeit. Alles war noch roh und erst wenige Jahre her. Über der Erinnerung hatte sich noch nicht die Glasglocke musealer Wahrheit geschlossen. Er sah Justizbeamte am Eingang des Hauses Gallus salutieren, wenn Angeklagte mit militärischem Dienstgrad hineingeführt wurden. Das wurde den Beamten dann untersagt. Er sah Staatsanwälte äußerst scharf reagieren, wenn ein Angeklagter darauf pochte, vor Gericht als Offizier behandelt zu werden. «Sie sind kein Offizier, Sie sind Angehöriger einer organisierten Mörderbande!»

Das Leben an der Universität, im Institut, in der Stadt, Sommer, Herbst und Winter, das alles ging derweil ungerührt weiter, natürlich. Erzählte er Kommilitonen von seiner Arbeit als Zeugenbetreuer beim Auschwitz-Prozess, kriegte er ein «Ach ja, o.k.» zurück, mehr nicht. Der Vorteil der Naivität ist ein ungelenker, aber eben auch ungelenkter, nicht ferngesteuerter Blick auf Menschen und Dinge. Offenbar war es denen, die damals nach Frankfurt kamen, um ihre Aussagen darüber zu machen, was sie erlitten hatten, ganz recht, auf so einen jungen Mann zu treffen. Seine Naivität half auch ihnen. Kein jähes Verstummen, keine heruntergeschluckten Fragen. Keine «Momente».

Seine Doktorarbeit über den Widerstand in Auschwitz beendete Peter Kalb nicht. Sein Mentor Horkheimer starb, und er nahm es zum Anlass, den Deckel des Kartons mit seinen Recherchen zuzuklappen, erleichtert auch. Dennoch, das Thema hat ihn nie mehr losgelassen. Er lief 1968 bei Demonstrationen mit, wurde auch mal von einem Wasserwerfer weggespült, aber ein Aktivist war er nicht. Nach dem Studium ging er zu einem Verlag, gab eine pädagogische Zeitschrift heraus, heute hält er ab und zu Vorträge über die NS-Zeit. «Weltläufig war ich nie», sagt er über sich. Er ist immer in Frankfurt und der weiteren Umgebung geblieben.

Als das Auschwitz-Urteil verkündet war, interviewte ihn die ARD. «Das Strafmaß finde ich zu niedrig», sagte Peter Kalb im Sommer 1965 dem Fernsehreporter in die Kamera, «aber eines ist jetzt klar: Niemand kann mehr sagen, Auschwitz sei eine Lüge. Es ist alles im Detail bewiesen.» Und heute ergänzt er: «Die Angeklagten konnten niemals sagen, sie seien nach einem Sonderrecht verurteilt worden. Niemand kann von Siegerjustiz sprechen, es wurde nach dem deutschen Strafrecht geurteilt, das in der NS-Zeit galt, von deutschen Richtern.» Das war etwas. Das war viel. Und es war 1965 – drei Jahre vor '68. Auch eine Wahrheit.

1975: Das Wunder von Bonn

Der Himmel vor dem Fenster verharrte noch unschlüssig zwischen Schwarz und Blau, als das Telefon läutete und sie aus einem unruhigen Traum riss. Anne blinzelte auf den Wecker. 5.59 Uhr zeigten die roten Ziffern. Sie knipste das Licht an und griff schlaftrunken zum Hörer. «Ja, hallo?» «Guten Morgen, Frau Trabant-Haarbach, wie geht es Ihnen, sind Sie schon aufgeregt?» Ein Reporter. Seit Tagen ging das jetzt schon so, auf einmal interessierten sich alle für sie: Radio, Fernsehen, Zeitungen, selbst die überregionale Presse. Alle wollten sie wissen, wie sie sich vorbereitet habe auf dieses geschichtsträchtige Datum, den 10. November 1982. Die Erwartungen waren hoch. In genau dreizehn Stunden und einer Minute würde im Oberwerth-Stadion in Koblenz der Anpfiff ertönen zum Länderspiel gegen die Schweiz. Das erste Länderspiel ihres Lebens und das erste für Deutschland überhaupt. Vor wenigen Wochen war die Damenfußball-Nationalmannschaft gegründet worden, und sie hatte die Kapitänsbinde übernommen.

Dabei war ihre beste Zeit als Spielerin, wenn man ehrlich war, bereits vorbei. Dreiunddreißig war sie, vergangenes Jahr hatte sie am Meniskus operiert werden müssen.

«Seit Monaten habe ich nur auf diesen Tag hin trainiert», erzählte sie dem Reporter und schälte sich aus dem Bett. Jeden Morgen vor dem Unterricht eine Stunde Joggen, viermal pro Woche schuften, damit sie im Nationaltrikot bloß eine gute Figur machen würde. Die kurzen schwarzen Hosen hatte der Deutsche Fußball-Bund (DFB) noch schnell nähen lassen, das Hemd hatte sie sich von der Jugendmannschaft der Männer leihen müssen. Anne hielt es sich mit einer Hand an und betrachtete ihr Spiegelbild im Fenster. Weißer Kragen, V-Ausschnitt, dünne schwarze Streifen. Auf der linken Brust prangte der Bundesadler. Wenn sie sich an diesem Abend das Trikot überstreifen würde, würde ein Traum in Erfüllung gehen, den sie das erste Mal geträumt hatte, als sie fünf Jahre alt war.

Damals in den fünfziger Jahren, als plötzlich nichts mehr unmöglich schien. Das «Wunder von Bern» leuchtete in jeden Winkel des Landes, auch in ihr Zuhause nach Emlichheim, ein Viertausend-Einwohner-Dorf in Niedersachsen, nahe der niederländischen Grenze. Inspiriert durch den Gewinn der Weltmeisterschaft von 1954, wurden überall neue Mannschaften ins Leben gerufen, die Fußball-Euphorie trieb reihenweise Mitglieder in die Vereine. Ihr Vater spielte in der höchsten Amateurklasse der Region. In Emlichheim war man HSV-Fan. Wenn Uwe Seeler auf den Rasen lief, versammelten sich die Nachbarn vor dem einzigen Fernsehgerät des Dorfes. Der Mittelstürmer war Annes Idol. «Ich werde einmal in der Nationalmannschaft spielen», sagte das Kind. «Träumerei», sagte die Mutter.

Eben erst hatte der DFB den Damenfußball verboten. In dem Beschluss vom 30. Juli 1955 schrieben die Funktionäre: «Im Kampf um den Ball verschwindet die weibliche Anmut, Körper und Seele erleiden unweigerlich Schaden, und das Zurschaustellen des Körpers verletzt Schicklichkeit und Anstand.» Sie beriefen sich dabei auf den bekannten niederländischen Psychologen Frederik Buytendijk, der den Weltverband für Sportmedizin mitbegründet und kürzlich eine vielbeachtete Studie über das Fußballspiel veröffentlicht hatte. Dieser Sport, erklärte Buytendijk darin, sei eine Form der Aggression, die eine unerbittliche Härte erfordere. «Das Fußballspiel als Spielform ist wesentlich eine Demonstration der Männlichkeit, so wie wir diese aufgrund unserer traditionellen Auffassung verstehen», schrieb er. Es sei noch nie gelungen, Frauen Fußball spielen zu lassen. Denn, so seine These: «Das Treten ist wohl spezifisch männlich, ob darum Getretenwerden weiblich ist, lasse ich dahingestellt. Jedenfalls ist das Nichttreten weiblich.» Das Dokument hatte der DFB auf seinem Berliner Bundestag einstimmig verabschiedet. Es drohte Strafen an, sollten Vereine Damenmannschaften gründen oder ihnen auch nur erlauben, auf ihren Plätzen zu trainieren. In jenem Sommer wurde im Ruhrgebiet eine Partie zwischen Frauenteams aus Hamborn und Essen von der Polizei abgebrochen, die nach zwanzig Minuten das Spielfeld räumen ließ.

Anne war das einzige Mädchen in Emlichheim, das Fußball spielte. Jeden Tag nach den Hausaufgaben rannte sie zum Bolzplatz. Eine Wiese, vier Pfosten. Die Jungen ließen sie mitmachen, weil einer fürs Tor fehlte. Aber sie wollte raus aus dem Kasten, wollte auf den Platz, wollte dribbeln – fummeln, wie die Jungs sagten. Ihr jüngerer Bruder spielte im Verein. War sein Lehrer mal gnädig gestimmt, ließ er sie mit aufs Spielfeld, aber nur im Training. Bei den Spielen am Sonntag, zu denen sie Vater und Bruder begleitete, musste sie am Rand stehen und zugucken, dabei fummelte sie besser als mancher Junge auf dem Platz. Trotzig stand sie da, ein Wutknäuel im Bauch, den neidischen Blick an die Fersen des Stürmers geheftet. Die vielen Stunden an der Außenlinie schärften ihre Beobachtungsgabe. Sie hörte zu, was die Zuschauer riefen, merkte sich auch, was die Kommentatoren im Fernsehen sagten. Manndeckung. Querpass. Kopfabwehr. Mit der Zeit begann sie, das Spiel zu lesen und den nächsten Zug vorherzusehen. Sie hatte Talent, das wusste sie, auch wenn sie nur selten dafür gelobt wurde. Als sie in die Pubertät kam, verlangte die Mutter, dass sie aufhörte. «Fußball ist nichts für Mädchen.» Ende der Diskussion.

Sie war ein schlankes, drahtiges Kind, mit kurzem blondem Schopf und kontinuierlich aufgeschürften Knien. Im Dorf gab es keine andere Freizeitbeschäftigung als Sport. Die Klassenkameradinnen spielten Tennis, in weißen Röckchen, wie es sich für Mädchen ziemte. Anne fand das ziemlich langweilig. Lieber trommelte sie ein paar Freundinnen zusammen und gründete eine Handballmannschaft. Auch im Volleyball, Schwimmen und in Leichtathletik probierte sie sich, aber Fußball blieb das Spiel, das sie liebte. Als sie 1969 zum Sportstudium nach Mainz zog, war aus dem Mädchen eine Frau geworden. Der kurze blonde Schopf war geblieben. An ihrem ersten Tag in der neuen Stadt kam sie an einem Plakat vorbei und stoppte abrupt: Der Mainzer Turnverein von 1817 warb für ein Freundschaftsspiel zwischen zwei Damenmannschaften. Sie rannte in die nächste Buchhandlung, kaufte sich einen Stadtplan und lief zum Stadion. Nach der ersten Halbzeit sprach sie den Trainer an und fragte, ob sie mitspielen könne. «Wer hat Schuhgröße 39?», brüllte er über den Platz. Eine Spielerin überließ ihr Schuhe und Trikot. Anne stürmte los.

Viele Frauenteams entstanden in dieser Zeit spontan und nicht selten aus Jux. Bei Vereinsjubiläen machten sich die Spieler einen Spaß daraus, ihre Gattinnen gegen den Nachbarort antreten zu lassen. Manche Frauen fanden Gefallen daran und blieben am Ball, andere hatten wie Anne als Kinder Fußball gespielt und dann in alternative Sportarten wechseln müssen. Nun, da sie das Elternhaus und die mütterliche Aufsicht verlassen hatten, kehrten sie zurück zu ihrer eigentlichen Leidenschaft. An der Uni durfte Anne sich nicht für die Fußballkurse eintragen, die waren den Männern vorbehalten. In der Mannschaft dagegen fand sie schnell Anschluss. Nach dem Training zogen die Spielerinnen manchmal gemeinsam in die Kneipe. Die Herren verstummten, wenn sie ein Lokal betraten. Es war ungewöhnlich, dass Frauen abends ohne männliche Begleitung ausgingen.

Im Herbst 1970 hob der DFB das Verbot zähneknirschend wieder auf. Es hatten sich so viele wilde Mannschaften gebildet, dass die Fußballoberen befürchteten, die Frauen könnten es wagen, einen eigenen Verband zu gründen. So versuchten sie, wenigstens die Regelhoheit zu behalten: Die Schuhe durften keine Stollen haben, die Spielzeit sollte zweimal dreißig statt fünfundvierzig Minuten betragen, die Damen mussten mit einem leichteren Ball spielen und sollten wegen ihrer «schwächeren Natur» eine Winterpause einhalten. Ein paar Jahre später legten sie zudem fest: «Die Anatomie der Frau ist für Trikot-Werbung nicht geeignet. Die Reklame verzerrt.»

Eine hitzige Diskussion entspannte sich nun darum, wie denn die Anatomie der Frau geschützt werden könne. «Steckt Watte in den BH!», riet die «Bild»-Zeitung. Ein Düsseldorfer Geschäftsmann präsentierte gar einen «Körperschutz für Kampfsportlerinnen», eine Art BH mit Körbchen aus dickem Schaumgummi. Es habe sich gezeigt, dass die Zahl der Brustverletzungen bei Sportlerinnen, insbesondere im Damenfußball, immer größer werde, schrieb der Erfinder in den Patentantrag. «Schüsse, Schläge und Stöße verstärken die Krebsgefahr», warnte er. Anne und ihre Mitspielerinnen lehnten solch einen «Brustpanzer» vehement ab. «So was legen wir uns nie an!», protestierten sie. Der DFB verzichtete darauf, die Schutzmaßnahme in sein Regelwerk aufzunehmen, und auch der Weltfußballverband schätzte die gesundheitlichen Nebenwirkungen von Schüssen gegen die Brust eher gering ein. Ebenso gering schätzte er allerdings die Aussicht, dass aus dem Damenfußball eine echte Mannschaftssportart werden könne, denn «Frauen haben keine so große Antenne für den Teamgeist wie Männer. Ihr Kameradschaftsgeist ist nicht so ausgeprägt», befand die Ärztekommission der FIFA. Dabei sollte ihr Spiel ohnehin eher einem sanften Tanz ums Leder ähneln, ging es nach den methodischen Anregungen für das Damentraining, die der westdeutsche Fußballverband herausgab: «Sie sollen nicht um den Ball zäh und verbissen kämpfen, denn das steht ihnen keinesfalls. Der Zweikampf tritt daher stark zurück. Die damenhafte Bewegung, also das Elegante, das Graziöse, das Tänzerische und das Ästhetische sind die hervorstechenden Merkmale ihres Fußballspiels.»

Der Geist der fünfziger Jahre wehte durch diese Zeilen. Treten, das war Männersache, Kameradschaft, Aggression, Krieg. Nicht schön anzusehen und folglich nichts für das schwache Geschlecht. Zwar formierte sich die Frauenbewegung bereits, um diese Rollenzuschreibung zu hinterfragen; dass sie tatsächlich ins Wanken geraten und sich die «Modeerscheinung kämpferischer Mannweiber» durchsetzen würde, konnten sich die Herren dennoch nicht vorstellen. «Ich sehe Mädchen lieber Tennis als Fußball spielen», sagte DFB-Präsident Hermann Neuberger. «Fußball ist kein Mädchenspiel», fand Bundestrainer Jupp Derwall. Der Trainer und «Damentyp» Rudi Gutendorf bedauerte: «Im Bett kann eine Frau so herrlich sein, auf dem Fußballplatz wird sie mir immer schrecklich vorkommen.» Und Stürmer Gerd Müller prophezeite: «Ich glaube nicht, dass dieser Sport genauso populär wird wie unser traditioneller Fußball. Warum sollten Frauen auch hinter dem Ball herlaufen? Sie gehören doch hinter den Kochtopf.» Die Zeitung «Sport im Spiegel», die vom DFB herausgegeben wurde, witzelte über die Einführung einer «Busenliga». Als das Aktuelle Sportstudio erstmals den Ausschnitt eines Damenfußballspiels zeigte, kommentierte ZDF-Moderator Wim Thoelke: «Decken, decken – nicht Tisch decken!»

«Dumme Sprüche gab es eigentlich immer», erinnert sich Anne Trabant-Haarbach. «Ich musste ständig um Anerkennung kämpfen, nicht nur auf dem Platz.» Wenn sie heute sieht, welche Menschenmengen den deutschen Frauen zujubeln, bekommt sie Gänsehaut. In den siebziger Jahren brüllten die wenigen Schaulustigen: «Trikot tauschen, Trikot tauschen!» Aber es gab auch Männer, die sich für den Damenfußball stark machten: Der Manager des rheinland-pfälzischen TuS Wörrstadt rannte dem DFB die Türen ein, bis dieser endlich die Austragung einer ersten Deutschen Meisterschaft genehmigte. Wörrstadt machte sich auf die Suche nach den besten Spielerinnen. Bei einer Partie fegte der Verein Mainz 7:1 vom Platz. Anne schoss das einzige Gegentor. Das hinterließ Eindruck. Die Gegnerinnen überredeten sie, zu ihrem Verein zu wechseln. Und so kam es, dass sie im Sommer 1974 zweimal die Woche nach Wörrstadt zum Training fuhr, parallel Sport an einer Grundschule unterrichtete, für die Prüfungen paukte und ihr Examen ablegte. Wörrstadt gewann die Deutsche Meisterschaft. Nach dem

Spiel weinte Anne in der Kabine, ganz still, damit sie niemand hörte. Sie war mit ihren Kräften völlig am Ende.

Doch die Strapazen hatten sich gelohnt. Der Bonner SC war auf die technisch begabte Mittelfeldspielerin aufmerksam geworden und wollte sie als Trainerin engagieren. In einer Zeit, in der die Ausbildung Männersache war, bekam sie die Chance, ihr taktisches Gespür unter Beweis zu stellen. Vor Beginn der Saison 1975 rief sie ihr neues Team in der Kabine zusammen und hielt eine kurze Ansprache: «Ziel ist der Gewinn der Deutschen Meisterschaft. Wer das nicht ernst nimmt, kann gleich nach Hause gehen.» Damenfußball hatte Hobbystatus. Vom Verein gab es höchstens Fahrgeld oder mal ein Essen. Die Spielerinnen waren Lehrerinnen, Auszubildende, Studentinnen und Hausfrauen, das Niveau glich einem Schülerwettbewerb, das Team einem Haufen, alle rannten dem Ball hinterher. Auf diesem Level, das noch weit unter dem Profifußball lag, konnten gute Kondition und eine klare Strategie den entscheidenden Vorteil bedeuten.

Die meisten Vereine trainierten nur einmal wöchentlich. Anne verdoppelte die Einheiten. Sie studierte die Fachzeitschriften, lief mit der Mannschaft den Rhein rauf und runter, übte das Schießen mit dem schwächeren Bein, trainierte Flanken, Freistöße, Doppelpässe und Abwehrtechniken, predigte Regel-

und Taktikkunde. Sechs Monate später war es so weit: Wörrstadt hatten sie im Halbfinale hinter sich gelassen, und dann, am 15. Juni 1975, trat der Bonner SC vor zweitausenddreihundertsiebenunddreißig Zuschauern im Finale gegen Bayern München an. Anne trug das Trikot mit der 10, der Nummer von Spielmacher und Weltmeister Wolfgang Overath. Die Bayerinnen trafen bereits in der dritten Minute. Anne schoss das Tor zum Ausgleich. Gegen ihr Tempo hatten die Gegnerinnen keine Chance. Am Ende besiegte Bonn Bayern 4:2. Das hoch in die Wolken gesteckte Ziel, sie hatte es tatsächlich erreicht: Ihr Team wurde Deutscher Meister.

Das war der Durchbruch, die endgültige Bestätigung für ihren so oft belächelten Ehrgeiz. Mit Härte und Unerbittlichkeit gegenüber ihren Spielerinnen und vor allem gegen sich selbst konnte sie alles schaffen, was sie sich vornahm. Dieser Titel gab ihr Vertrauen in sich und ihren Weg. Wenn sie eine Deutsche Meisterschaft gewinnen konnte, die es bis vor kurzem noch gar nicht gegeben hatte, dann würde es vielleicht auch bald möglich sein, dass sie in einer eigenen Nationalmannschaft spielte.

Dieser Sommer 1975 fühlte sich wie ein Märchen an. Wenige Tage nach ihrem Sieg trat die erste Weltfrauenkonferenz in Mexiko zusammen. Die Vereinten Nationen hatten das Jahr der Frau ausgerufen, das neue Emblem der UNO vereinte Venus und Gleichheitszeichen. Die Stellung der Frau zu verbessern war als Aufgabe ausgegeben worden, die kommenden zehn Jahre, so die Vision, sollten als weibliche Dekade in die Geschichte eingehen. Anne war nun eine gefragte Trainerin. Sie wechselte zur Spiel- und Sportgemeinschaft Bergisch Gladbach, die unter ihrer Regie zum besten Verein Deutschlands aufstieg. Fußball war ihr Leben, aber eines, das nur abends und am Wochenende stattfinden konnte. Ihren Unterhalt verdiente sie mit dem Sportunterricht an einem Gymnasium. Sie heiratete ihren Freund, mit dem sie bereits seit der Schule zusammen war, doch schon bald fühlte sie sich eingeengt und abhängig, auch wenn er sie gewähren ließ. Der Mann war das Oberhaupt der Familie, wollte die Frau einen Beruf ausüben, benötigte sie seine Erlaubnis, so stand es im Gesetz. Anne hielt das nicht lange aus, nach zwei Jahren ließ sie sich scheiden. Obwohl ihr Mann einwilligte, mussten sie sich von einem Richter befragen lassen, denn vor Gericht galt das Schuldprinzip: Wer denn für das Scheitern der Ehe verantwortlich sei, wollte der Vorsitzende wissen. «Ich», antwortete sie leise.

«Männer und Frauen sind gleichberechtigt», hieß es im Grundgesetz. Die Rechtswirklichkeit der siebziger Jahre sah anders aus. Und so war es nicht zufällig ein Verbot, an dem sich die Frauenbewegung entzündete. «Wir haben abgetrieben – und fordern das

Recht dazu für jede Frau», titelte der «Stern» am 6. Juni 1971. Hunderte Frauen bekannten sich öffentlichkeitswirksam zu dem illegalen Akt. Nach Paragraph 218 des Strafgesetzbuches drohten ihnen dafür bis zu fünf Jahre Haft. Alice Schwarzer hatte die Aktion angezettelt, Prominente wie Romy Schneider und Senta Berger machten mit. Im ganzen Land gingen die Frauen nun auf die Straße. Anne verfolgte die Proteste. Sie interessierte sich für feministische Literatur, las Simone de Beauvoirs «Das andere Geschlecht», «Sexus und Herrschaft» von Kate Millett und Alice Schwarzers neue Zeitschrift «Emma».

«Zweihunderttausend Frauen erobern den Fußballplatz!», frohlockte eine der ersten Ausgaben des Magazins 1977. Seit der Aufhebung des Damenfußball-Verbots hatte sich die Zahl der Spielerinnen mehr als verdreifacht. Für viele war der Sport Freizeitspaß, aber bewusst oder unbewusst schwang immer noch etwas mehr mit, ein Statement, eine Provokation. «Das Private ist politisch», verkündete die Frauenbewegung – in dieser Logik wurde das Fußballfeld zum Schauplatz der Emanzipation. Die Damen forderten die Mitbenutzung des Spielfelds ein, und die Herren mussten Trainingszeiten abgeben. Wer denn dann den Haushalt mache, wenn die Frau Sport treibe, fragten Journalisten Annes Spielerinnen. Im Sturm der gesellschaftlichen Liberalisierung war Fußball die vielleicht letzte Bastion der Männlichkeit. Frauen waren Eindringlinge. «Wenn meine Frau spielt: Scheidung!», drohte Hertha-Star Uwe Witt in der «Bild». Wie den Feministinnen, die Rollenklischees bekämpften, sprach man Frauen, die den «Männersport» ausübten, die Weiblichkeit ab. Alice Schwarzer wurde als «Mannweib» tituliert, auch Anne kriegte das oft zu hören. Einmal besuchte die «Emma»-Herausgeberin ihre Mannschaft, sie diskutierten über die Selbstbestimmung der Frau. Anne wollte die offizielle Trainerlizenz des DFB, aber egal, für welche Fortbildung sie sich bewarb, immer bekam sie eine Absage, selbst als Gasthörerin wollte man sie nicht zulassen. Für Frauen waren die Lehrgänge tabu.

Im Frühjahr 1981 bekam sie wieder mal einen Brief vom DFB. Sie wollte ihn schon in den Papierkorb befördern, doch dieses Mal war es tatsächlich eine Einladung. Das ferne Taiwan plante, eine inoffizielle Weltmeisterschaft der Damen auszutragen, sechzehn Länder nahmen daran teil. Das Schreiben, adressiert an die deutsche Nationalmannschaft, hatte der Verband in seiner Verlegenheit an den amtierenden Deutschen Meister weitergeleitet, nach Bergisch Gladbach. An den Reisekosten wollte er sich allerdings nicht beteiligen: «Für Freundschaftsspiele zahlen wir nichts», hieß es aus dem Vorstand. Der Bürgermeister von Bergisch Gladbach überreichte der Mannschaft zur

Abreise einen Scheck über fünfzehntausend Mark und zwei Fußbälle. Die Spielerinnen hatten für die WM ihren Jahresurlaub genommen.

In Taipeh empfing man sie mit Militärparaden und Drachentanz. Während die anderen Mannschaften in Nationalfarben einliefen, trugen sie die weiß-roten Trikots der SSG 09 Bergisch Gladbach. Dem Ansager wollte es einfach nicht gelingen, diesen Namen auszusprechen, und so taufte er sie kurzerhand um: «Team Germany» leuchtete es auf der großen Anzeigetafel im Stadion. Anne war mulmig zumute. Gegen die Mannschaften aus Frankreich und der Schweiz hatte sie schon gespielt, aber wie gut waren die Teams von anderen Kontinenten? In elf Tagen mussten sie neun Spiele bestreiten, bei zweiunddreißig Grad und achtzig Prozent Luftfeuchtigkeit. Im Auftakt gegen Indien war sie bereits nach dem Aufwärmen kaputt, der Mannschaftsarzt kontrollierte laufend ihren Puls. 0:0 ging es aus – eine enttäuschende Partie. Dennoch merkte sie schnell, dass ihre Elf mithalten konnte. Gegen Neuseeland schoss sie drei Tore hintereinander, gegen Finnland traf sie aus dreißig Meter Entfernung, ein «Gewaltschuss», titelte die lokale Presse. Beim Finale drängten sich sechsunddreißigtausend Zuschauer ins ausverkaufte Stadion, Schaulustige kletterten auf die Dächer der umliegenden Hochhäuser. Bergisch Gladbach gewann

4:0 gegen die Niederlande. «Team Germany» wurde Weltmeister.

Zurück in der Heimat, trug sie den schweren goldenen Pokal über die Rathaustreppe. Der Bürgermeister hatte seine «Meistermädchen» zum Sektempfang geladen. Mitten in den Feierlichkeiten erklomm ein Mann, der sich als Vertreter des DFB ausgab, das Pult. Es sei nun endlich an der Zeit, «eine Nationalmannschaft unserer tüchtigen Fußballfrauen zu gründen», rief er den überraschten Spielerinnen zu. «Hört, hört!», skandierte das Publikum. Später stellte sich heraus, dass der Redner bloß ein Spaßvogel war. Von offizieller Seite war niemand gekommen.

Aber der Sieg setzte die Funktionäre unter Zugzwang, und auch in seinem innersten Kreis geriet der DFB nun immer mehr unter Druck. Anne hatte Unterstützung bekommen: Während sie die Damen über den Platz jagte, trieb Hannelore Ratzeburg die Herren im Verband vor sich her. Die Studentin war als Referentin in den Spielausschuss berufen worden, sie war das erste weibliche Mitglied in dessen siebzigjähriger Geschichte; ein Alibi-Mädchen, das, das gaben ihr die anderen gleich zu verstehen, bloß zu den Sitzungen zu kommen brauchte, in denen es um den Damenfußball ging. Der wurde allerdings höchstens mal unter Punkt «Sonstiges» in den letzten fünf Minuten abgehandelt, von Männern, die ihre Väter hätten sein können. Sie ließ sich davon nicht einschüchtern. Mit ihrer direkten, manchmal schnoddrig geschimpften Art, marschierte sie durch die Institutionen.

Die Hamburgerin studierte Sozialpädagogik, das dafür nötige Abitur musste sie nachholen. Die Eltern hatten die älteste Tochter nicht auf das Gymnasium schicken wollen, «das lohnt sich nicht», fanden sie. Hannelore sollte Hausfrau werden, schnell heiraten und Kinder bekommen. Sie wählte einen anderen Weg. Durch ihren Freund war sie zum Fußball gekommen, und mit dem Studium eröffnete sich der Tochter eines Bäckermeisters und einer Verkäuferin ein neuer, politischer Horizont. Ständig wurde gegen irgendetwas demonstriert. Vietnamkrieg, Stammheim, Kernkraft. Widersprechen und sich selbst organisieren, das lernte sie an der Uni und übertrug es auf den Fußball. Sie sah nicht ein, dass den Frauen immer der schlecht beleuchtete Platz zugeteilt wurde und die ältesten Bälle. «Niemand setzt sich für uns ein», erklärte sie ihren Mitspielerinnen. «Wollen wir doch mal sehen, ob wir die Sache selbst in die Hand nehmen können.» In Hamburg erstritten sie einen Frauenausschuss, bessere Trainingszeiten und einen eigenen Etat. Im DFB aber war sie auf sich allein gestellt, dort musste sie Tricks anwenden, um sich gegen die Männerübermacht durchzusetzen. Von einem Kommilitonen hatte sie sich eine Examensarbeit über die «Grundlagen des Damenfußballs» besorgt, die sie zu einer DFB-Broschüre umschreiben wollte, zu einer ersten Veröffentlichung, die ihre Anliegen auf die Tagesordnung bringen sollte. Die Kollegen waren skeptisch. Sie bestanden darauf, dass sie die achtzig Seiten auf maximal acht kürzte. Daraufhin verschickte sie Kopien an alle Ausschussmitglieder und ergriff in der nächsten Sitzung das Wort: «Ich gehe davon aus, dass alle die Arbeit gelesen haben und jetzt Vorschläge unterbreiten, welche Passagen gestrichen werden sollen.» Betretenes Schweigen. Schließlich stimmte der Ausschuss der ursprünglichen Version zu.

In diesem Herrenclub blieb Hannelore Ratzeburg lange außen vor. Die Männer waren auf ihre Traditionen bedacht und wahrten Distanz, auch im sprichwörtlichen Sinne: Nach einem Länderspiel in Hamburg lud der DFB zum Abendessen. Die Funktionäre speisten im Salon, ihre Ehefrauen in einem Nebenraum. Sie wurde zu den Ehefrauen platziert. Die waren neugierig: Was die junge Frau im Verband eigentlich so mache, erkundigten sie sich. Die Funktionärin berichtete von den Entwicklungen im Damenfußball und schwärmte vom großen Ziel, der Gründung einer Nationalmannschaft. Bald war sie der Mittelpunkt des Tischgesprächs. Besonders die Frau des Vorsitzenden hatte viele Fragen. Nach diesem Abend merkte sie, dass der Chef des Spielausschusses sich plötzlich mehr Zeit für ihre Eingaben nahm.

Mit seiner Unterstützung gelang es ihr, die Abwehr des DFB zu durchbrechen. Wiederum war dafür ein kleiner Hinterhalt notwendig. Auf einer Konferenz des Europäischen Fußballverbandes warb sie für die Idee, die erste Europameisterschaft im Damenfußball auszutragen – obwohl Deutschland noch immer keine eigene Auswahl hatte. Daheim konfrontierte sie den DFB-Präsidenten mit den neuesten Plänen. Bereits im nächsten Jahr, berichtete sie, wolle die UEFA eine EM austragen. Man bräuchte jetzt wirklich dringend eine Nationalmannschaft.

Rückpass zu Anne. Sie traute ihren Ohren kaum, als der DFB sie zu einer Besprechung in die Zentrale bestellte. Ob sie vielleicht Lust habe, eine Nationalelf aufzubauen? Als Assistentin des Trainers könne sie Talente sichten, umwarben sie die Funktionäre. Die Leitung solle Gero Bisanz übernehmen, der die Trainerausbildung des DFB anführte. Da war es wieder, dieses Märchengefühl. Ein paar Monate später stand sie neben Bisanz auf dem Sportplatz einer Duisburger Fußballschule und jagte sechzig Bewerberinnen durch einen Sichtungslehrgang. Am Abend des ersten Tages waren noch dreißig von ihnen übrig. «Schlimmere Schleifer hat auch die Bundesliga nicht», beschwerte sich eine Spielerin über den Drill. Nach drei Tagen berief Bisanz sechzehn Kandidatinnen. Und bat seine Assistentin, die Spielführung selbst zu übernehmen.

Wenige Minuten vor 19 Uhr am 10. November 1982 lief Anne mit dem Bundesadler auf der Brust ins Oberwerth-Stadion ein. Die Kulisse überwältigte sie. Fünftausendfünfhundert Zuschauer waren zum ersten Länderspiel der deutschen Damennationalmannschaft nach Koblenz gekommen. Auf der Tribüne nahmen Bundestrainer Jupp Derwall und DFB-Präsident Hermann Neuberger Platz. Hannelore Ratzeburg war mit einem flauen Gefühl im Magen angereist. Wenn wir das jetzt in den Sand setzen, dachte sie, dann werden sich die ganzen Kritiker bestätigt fühlen. Die warten doch nur darauf, dass es schiefgeht. Noch dazu hatte die Generalprobe symbolischen Charakter: Die Schweiz war als Gegner ausgewählt worden, weil schon die Herren ihr allererstes Länderspiel gegen sie bestritten hatten. 1908 war das gewesen, und damals hatten die Deutschen haushoch verloren.

Die Schweizer hatten bereits seit zwölf Jahren eine Damenauswahl. Anne hatte in der kurzen Vorbereitungszeit bloß zweimal mit dem neuen Team trainieren können. Doch hier unten im Flutlicht löste sich auf einmal die Anspannung in ihrem Körper. Eben, vor der Kabine, hatte sie eine ehemalige Spielerin von Wörrstadt angesprochen: «Mensch, Anne, das ist es.

Jetzt erfüllt sich endlich unser Traum.» Als die Nationalhymne ertönte, schossen ihr Tränen in die Augen. Das war ihr Moment. Jetzt würde sie allen beweisen, dass Frauen Fußball spielen konnten.

Anpfiff. Anne dirigierte das Mittelfeld. Sie rief Anweisungen über den Platz, schlug Flanken, bremste Gegenangriffe. Sie fummelte. «Um sie dreht sich alles im deutschen Spiel. Wäre sie ein Mann, würde man sagen, sie kommt wie Günter Netzer aus der Tiefe des Raums – eine Klassefrau am Ball», notierte ein Reporter der «Welt». Die Schweiz wurde von der neuen deutschen Nationalmannschaft regelrecht demontiert. Besonders auf sich aufmerksam machte eine junge Fleischereifachverkäuferin. In der 41. Spielminute wurde die achtzehnjährige Silvia Neid eingewechselt. Sechzig Sekunden später schoss sie ihr erstes Tor und legte noch einmal nach. Jetzt gab es kein Halten mehr. Nach siebzig Minuten stand es 5:1 für Deutschland.

Das Stadion tobte. Mit einem derart deutlichen Ergebnis hatte niemand gerechnet. Jupp Derwall und Hermann Neuberger bemühten sich, ihre Überraschung mit breitem Lächeln für die Kameras zu überspielen. Man habe «die Sache» organisch wachsen lassen, versuchte Neuberger den DFB nachträglich als Förderer des Damenfußballs zu präsentieren. Während sich die Funktionäre aufplusterten, gab sich Anne betont nüchtern. Große Emotionen auszudrücken lag ihr nicht. Es war das spöttische Spiel um ihre Mundwinkel, das den Triumph verriet, den sie verspürte, als sie unmittelbar nach dem Abpfiff von einem Fernsehsender interviewt wurde. Man müsse verstehen, erklärte sie, dass die Frauen nach dieser langen Zeit des Wartens den Männern endlich zeigen wollten, was sie draufhaben. «Und ich glaube, dass uns das zumindest ansatzweise gelungen ist.»

Die offizielle Deutung des Abends fiel weniger bescheiden aus: «In der Geschichte des Fußballs hat eine neue Epoche begonnen», verkündete der Fußballverband Mittelrhein.

Eine Zeitenwende. Anne würde sie nur noch vom Spielfeldrand beobachten. Kurz nachdem sie dem deutschen Damenfußball eine nationale Bühne bereitet hatte, verließ sie diese auch schon wieder. Ihr Körper war der doppelten Belastung als Spielerin und Co-Trainerin nicht mehr gewachsen. «Wenn du so weitermachst, stirbst du noch mal auf dem Platz», sorgte sich ihre Mutter. Sie geriet mit Bisanz aneinander, dessen Entscheidungen sie für falsch hielt. Sie war es leid, aus der zweiten Reihe zu agieren, glaubte die Spielerinnen besser zu kennen, wollte andere Taktiken wählen. Die nächsten Länderspiele brachten Niederlagen, die EM-Qualifikation scheiterte. Sie zog ihr Nationaltrikot aus und konzentrierte sich stattdessen auf die Trainerarbeit bei Bergisch Gladbach. Bis sie

1992 auch dieses Amt aufgab, wurde das Team neunmal Deutscher Meister und gewann drei Endspiele um den DFB-Pokal. Die Presse berichtete, das ZDF-Sportstudio lud sie als Expertin ein. Der Damenfußball war nun kein Kuriosum mehr, und langsam setzte sich im allgemeinen Sprachgebrauch der Frauenfußball durch.

Die neue Epoche aber gestalteten andere: Silvia Neid, die sie in Bergisch Gladbach trainiert, und Hannelore Ratzeburg, der sie mit dem ersten Sieg ein unschlagbares Argument für den Frauenfußball geliefert hatte. Ratzeburg gelang es, die EM 1989 nach Deutschland zu holen, Neid führte die Mannschaft zum Titelgewinn. Die ARD sendete das Elfmeterschießen im Halbfinale gegen Italien live und erzielte damit höhere Quoten als ein gleichzeitig übertragenes Tennis-Match von Steffi Graf. Tretende Frauen waren massentauglich geworden. Bei der Siegerehrung überreichte der DFB den Spielerinnen ein einundvierzigteiliges Kaffee- und Tafelservice als Prämie. Zarte blaue, rote und gelbe Blüten zierten das Porzellan von Villeroy & Boch, «1B-Ware» war an der Verpackung vermerkt. Die Männer hatten für ihren EM-Sieg 1980 bereits fünfundzwanzigtausend Mark pro Spieler bekommen – und jeweils einen Zweitausendfünfhundert-Mark-Juweliergutschein für ihre Frauen.

Vom Sport leben konnten die Spielerinnen noch immer nicht. Silvia Neid arbeitete dreißig Stunden die Woche als Lieferantin im Großhandel und fuhr mit einem Siebeneinhalbtonner Blumen aus. Nach ihrer Karriere in der Nationalmannschaft, überlegte sie, könnte sie sich selbständig machen, eine Boutique eröffnen oder eine Lotto-Annahmestelle. Aber allmählich festigten sich die weiblichen Strukturen im DFB. «Die Hälfte vom Ball für die Frauen!», forderte die «Emma», die mal wieder eine Kampagne angestiftet hatte. Hannelore Ratzeburg stieg ins Präsidium auf. Tina Theune-Meyer, die den Assistentenjob von Anne übernommen hatte, beerbte Gero Bisanz als Bundestrainerin. Silvia Neid wurde ihre Assistentin und ein Jahrzehnt später selber Chefin. Ein Sieg reihte sich an den nächsten: Weltmeister 2003 und 2007. Europameister 1989, 1991, 1995, 1997, 2001, 2005, 2009 und 2013. Die Gleichberechtigung im Fußball, sie war nun zumindest in der Pokalsammlung erreicht.

Anne hat mit diesem Kapitel abgeschlossen. Die Fachmagazine abbestellt, nie mehr gegen den Ball getreten. Sie hat dem Fußball alle Kraft gegeben und wenig zurückbekommen. Ihr Körper ist ausgelaugt, Knie und Rücken kaputt. In der zweiten Lebenshälfte holt sie das nach, wozu früher nie Zeit war: Reisen, Freunde treffen, die große Liebe. Für die ist sie in die Schweiz gezogen, in ein Dorf in den Bergen, fernab vom Trubel. Dort ist die Heldin der ersten Stunde in Vergessenheit geraten. Und auch sie selbst dachte lange nicht an diese Zeit zurück, bis sie eines Tages eine Anfrage aus dem Alltag riss.

Im Frühling 2015 klingelte das Telefon, ein Museumsmitarbeiter aus Dortmund war dran. Der DFB plane, dem deutschen Fußball eine Dauerausstellung zu widmen, sagte er, ob sie vielleicht ihr Trikot von der ersten Frauennationalmannschaft noch habe? Das Hemd mit dem weißen Kragen, V-Ausschnitt, dünnen schwarzen Streifen und dem Bundesadler auf der linken Brust wolle man in einer Vitrine ausstellen. Auf der gleichen Ebene wie das Nationaltrikot ihres einstigen Idols Uwe Seeler.

1985: Leipzig – eine Jugend im Wartesaal

Als Klaus Zeh

am Neujahrstag 1985 erwachte, war sein Staat über sich hinausgewachsen. Wenn auch nur um neun Seemeilen in die Ostsee hinaus. Der Arbeiter-und-Bauern-Staat blähte sich auf, die Republik floh nach vorn. Solche diplomatischen Angebereien auf Schulhofniveau ließen ihn kalt. Die DDR hatte Zehs Seele lange verloren, an Gott und die Mikroelektronik. An ihn glaubte er unbedingt in stiller Widerspenstigkeit, sie eroberte er mit Leidenschaft. Und hing an ihr, selbst als sein Staat ihn, den IT-Experten, den er so dringend brauchte, kaltstellte und mit Berufsverbot bestrafte.

Nach außen strotzte die DDR vor Selbstgewissheit zum Jahresbeginn 1985. Als am 15. Januar die letzten der einhundertachtundsechzig DDR-Bürger zurückkehrten, die bis zum 2. Oktober 1984 die bundesdeutsche Botschaft in Prag besetzt gehalten hatten, wurden sie nachsichtig wie arme Irre behandelt. Man hatte ihnen Straffreiheit und die rasche Bearbeitung ihrer Ausreiseanträge zugesichert: «Solche wie euch brauchen wir nicht», sagte der SED-Staat. Und Gott brauchte er schon gar nicht. Am 22. Januar sprengte das Regime das Schiff der Versöhnungskirche in der Bernauer Straße direkt an der Mauer, am 28. Januar sank der Turm, genannt der «Fingerzeig Gottes», in den Todesstreifen. Menschen wie Zeh hatte dieser rotzige Mittelfinger für Gott und gegen die Welt erst recht in ihrem Glauben gefestigt. Wie er waren nur ein paar tausend im Land. Eine Revolution war für sie und Klaus Zeh eine Wahnsinnsidee. Der Winter war ungewöhnlich streng in beiden Deutschlands. Klaus Zehs persönliches Wendejahr begann, er wusste es nur noch nicht.

«So war das», sagte Klaus Zeh, von 2012 an Oberbürgermeister der thüringischen Stadt Nordhausen, immer dann, wenn andere «Genau!» sagen würden. Als seien Dinge geschehen, nicht aber auch von ihm bewegt worden. Er wollte sich nicht rühmen, er wollte sich nichts anmaßen. Jeden Satz schmeckte er ab, ob da Hochmut war. Klaus Zehs Demut war Glaubenssache und für Ungläubige beinahe eine Provokation.

Dem SED-Staat hatte er, lächelnd, so gut er konnte, die Zähne gezeigt, Schläge ertragen auf die hingehaltene Wange. Er war kein Dissident gewesen. Er hatte aber auch nicht gebuckelt wie die meisten. Und er wusste, dass, anders als er selbst, der nie im Gefängnis gesessen hatte, Leute, die die schlimmste Seite der

DDR erlebt hatten, wirklich traumatisiert waren. Wieder wollte er gerecht sein gegen die Geschichte. Man hatte Klaus Zeh nach dem Sieg der friedlichen Revolution in die Politik gedrängt, erst in den Demokratischen Aufbruch, dann nach der Fusion mit der CDU in Spitzenämter der Partei, Staatskanzlei und der Landesregierung. Tausende Verhandlungsstunden und die Kunst der Anpassung hatten von seiner Leipziger Mundart nur noch den Anklang seiner Melodie gelassen. Wenn er «So war das» sagte, war das so gewesen. Fast immer. Zeh suchte Harmonie, er glaubte nicht daran, dass mehr Feinde mehr Ehre brächten. Privilegien, Korruption und Heuchelei der Kader hatte er in dem anderen deutschen Staat verachten gelernt. Der Oberbürgermeister Zeh pendelte mit dem Fahrrad ins Büro, nahm Akten mit nach Hause. Ein Jahr hatte er 1990 der Politik geben wollen, das, meinte er, wäre seine Pflicht. Danach tanzte Zeh (Jahrgang 1952) seine Kür durch die Politik und bekam so gute Noten, dass er dabeiblieb. Manchmal tanzte er unter Qualen, «es war ein großes Opfer». Seine Ehefrau ermutigte ihn, so war es immer gewesen. «Wenn wir es nicht machen, kommen die Alten wieder», hatte sie gesagt. Er hörte auf sie. Auch draußen musste er hundertmal gehört haben, dass es zu wenige wie ihn gab, um ihn ziehen lassen zu können.

Dreiunddreißig war der Leipziger Anfang 1985, die DDR gerade drei Jahre älter, als seine letzten Hoffnungen, ein gutes Auskommen wenigstens in der relativen Politikferne der Wirtschaft zu haben, zerstört wurden. Im Jahr zuvor – er war schon acht Jahre lang berufstätig in der Entwicklung von Mikrochips gewesen – hatten sie ihn zur Armee einziehen wollen. Es blieb ihm nichts übrig, als sich für die «Bausoldaten» zu melden. Nicht aus Pazifismus, ein freies Land hätte er verteidigt. Aber er konnte in der DDR nicht wissen, dass er nicht gegen sein Gewissen eingesetzt werden würde. Eine Woche nach der Musterung bestellte ihn sein Chef ein: Leider, Genosse, eine Umstrukturierung. Ein unerklärter Bannfluch stellte Zeh ins Abseits. Seine Aspiratur (Dissertation) hing über dem Abgrund, er konnte nicht mehr forschen. Zwar hatte das Regime verfügt, dass die Mikroelektronik gefälligst die Überlegenheit des Sozialismus retten werde, doch fromme Querulanten wie Zeh wollte man nicht dulden unter den Rettern.

Die Stasi würde bis Ende des Jahres 1,2 Millionen Telefonate ihrer Bürger (außerhalb Ostberlins) abhören und elftausend Berichte darüber verfassen. Die Damen und Herren waren überlastet. Klaus Zeh war zu klug für sie, er ging nicht in die Falle, sprach nur offen in Kirchengruppen. Und IMs mieden die Katholiken wie stramme Genossen das Weihwasser.

Anders als bei den Protestanten, die sich auch mal an den Sozialismus ranwanzten, galten die Papsttreuen als unbelehrbar und schwer zu infiltrieren.

So versah Klaus Zeh in seinem Erfurter Betrieb Anfang 1985 seinen Strafdienst nach Vorschrift. Mitte Februar feierte das Regime die Wiederöffnung der restaurierten Semperoper in Dresden. Einen knappen Monat später, am 11. März, wurde Michail Gorbatschow zum Generalsekretär der KPdSU gewählt. Honecker und Kohl trafen sich tags darauf in Moskau beim Begräbnis Tschernenkos. «Glasnost» und «Perestroika» stiegen jäh auf wie Feuerwerk und gingen bald um die Welt. «Wir waren begeistert», erinnerte sich Zeh. Selbst in seinem Betrieb war das neue Klima diskutiert worden. Ihm war immer klar gewesen, dass sich sein Traum von der Wiedervereinigung nur erfüllen würde, «wenn uns die Sowjets ziehen ließen». Dieser Hoffnungsfunke glühte nur kurz auf. Dann kamen die Bremsmanöver aus Berlin, nicht ohne Arroganz. Zeh war selbst Mitglied der Bildungselite und erinnerte sich sehr deutlich: «Gemach, die Russen müssen erst einmal den Sozialismus richtig errichten, wir sind da schon viel weiter.» Sogar Gorbatschow wurde schlechtgemacht. «Es galt nicht mehr der Grundsatz ‹Von der Sowjetunion lernen heißt siegen lernen›.» Wer Klaus Zeh zuhört, spürt auch dreißig Jahre danach die Enttäuschung von damals.

Das mochte ähnlich gewesen sein wie in den Jahren nach 1969, als er sich für Willy Brandt begeistert hatte. «Brandt-Wein» tranken sie reichlich in der Wahlnacht. Die Ernüchterung kam, die Ostpolitik und die innerdeutsche Annäherung brachten den Willen zu Deals, doch noch lange keine Freiheit. Nun stießen im Jahr 1985 die Widerspenstigen der DDR heimlich an auf Gorbatschow. Ende des Jahres hatte das SED-Regime sich so weit von seinem Schock erholt, dass es sich Spendierlaune leistete: Vierundzwanzigtausendneunhundert Genehmigungen zum Verlassen der DDR wurden erteilt. Darunter waren schon Mitte Januar die letzten Rückkehrer aus der bundesdeutschen Botschaft in Prag. Klaus Zeh war bei den Besetzern nicht dabei. Noch wollte er bleiben. Schon der Freunde zuliebe; er kannte den Schmerz und die Lücken, die «Republikflüchtlinge» rissen. Bonn vergalt wie immer «menschliche Erleichterungen» mit reichlich D-Mark-Krediten. Nicht immer waren die Menschen im inneren Exil des Ostens glücklich über die routinierte Eilfertigkeit dieser Geschäfte. Als die SPD später ernsthaft die Anerkennung des DDR-Staates und der Staatsbürgerschaft erwog, wandte sich Klaus Zeh zornig ab. Die Kumpanei von Lafontaine und Honecker war ihm widerlich: «Das kann doch nicht wahr sein», dachte er, «jetzt werden wir abgeschrieben.» Von beiden Deutschlands verraten, von einem verkauft.

Deshalb kam die SPD später für ihn als politische Heimat nicht in Frage, auch die Liberalen nicht, obwohl der Katholik Klaus Kinkel ihm etwas gesagt hatte. Gläubige wie Klaus Zeh nahmen das «C» in der CDU ernster, als es manchen Parteioberen lieb war. Die katholische Soziallehre öffnete Zeh für ein politisiertes Christentum. Der Moraltheologe Professor Wilhelm Ernst, liebevoll genannt «Sitten-Willi» wie ein Kripomann beim Sittendezernat, eröffnete ihm und seinen Kreisen in Erfurt das Zusammenspiel von Theologie und Staatslehre. Zeh spricht dankbar von dem Professor, der damals die (staatlich nicht anerkannte) Ausbildungsstätte für katholische Priester zu lehrreicher Unterwanderung genutzt hatte. «Sitten-Willi» genießt Denkmalsschutz in Zehs Erinnerung. Die Religion war im real behaupteten Sozialismus sein Opium gewesen, sein Aufputschmittel, das ihn durchhalten und die Dinge anders hatte sehen lassen. Die DDR hätte womöglich länger überdauert, wenn sie sich Klaus Zehs Glaubens- und Gedankenfreiheit geleistet hätte. So wurde er zwar kein Dissident, rannte nicht wider Beton, aber er blieb unbeirrt Mitglied einer ungeliebten Elite.

Es lag ihm immer fern auszustellen, dass er Einserschüler, hochbegabt, dazu mit besten Werktätigenreferenzen als Sohn eines Maschinenschlossermeisters gewesen war. Dummerweise war sein Vater Katholik aus Schlesien gewesen und 1953 nur mit einem blauen Auge davongekommen. Er hatte eine Lippe riskiert bei Kundgebungen und Treffen im Betrieb, bis der Aufstand gescheitert war. Danach hatte er die Lektion gelernt. Dabei hatten die Eltern von Klaus Zeh Mut bewiesen: Sie waren aus Schlesien gekommen, konservativ, gut katholisch; sie hatten gewusst, wer sie waren, was sie glaubten, und der Vater hatte seinen Händen vertrauen können. Die Eltern hatten ihren Sohn nicht zu den Jungpionieren geschickt; dabei hätte der Erstklässler so gern das Halstuch getragen. Jahre später war er stolz auf die Entscheidung seiner Eltern. «Da habe ich zum ersten Mal erlebt, dass man in meinem Land Repressalien ertragen können muss, wenn man gegen den Strom schwimmt», erinnert sich Zeh. Die Ausgrenzung war weitergegangen, als er mit vierzehn Jahren den Eid auf Atheismus und Marxismus-Leninismus in der Jugendweihe verweigert hatte. Es gab kein Gymnasium für den Querulanten.

Nur mit Tricks, hartnäckigen Eingaben und Bündnissen mit anderen Zurückgesetzten hatten Zehs Eltern doch noch die Oberschule und das Studium für ihren Sohn erstritten. Allein hätten es die Eltern – einfache, dialektisch ungeschulte Leute – nicht geschafft. Es gab ein Mädel in Zehs Kirchengemeinde, das auch nicht zum Gymnasium zugelassen worden war. Ihre Eltern waren im Umgang mit den Behörden fitter und machten seinen Eltern Mut zu ihrer Eingabe. Beide Paare hatten bezeugt, dass die verfassungsmäßig garantierte Glaubensfreiheit missachtet würde, wenn man ihren Kindern unter Ausreden das Gymnasium vorenthielte. Als sich der Stadtschulrat beim Gespräch auch noch verplappert hatte und die Sanktion gegen den politischen Nestbeschmutzer enthüllte, hatte der sein Amt verloren – und Klaus die Aufnahme in die Karl-Marx-Oberschule gewonnen. Die war eine sozialistische Edelkaderschmiede für die Kinder von verdienten Genossen gewesen. Dass die Kinder selbst nicht immer so strammgestanden hatten, hatte Klaus Zeh wohlgetan. Ein Gemiedener, Gemobbter war er nicht gewesen. Wohl weil er ein zu anständiger Kerl war, dazu Klassenprimus, ohne anzugeben. Außenseiter war er geblieben.

Wie fest musste einer glauben, der solche Widerstände ein ums andere Mal überwand, um nicht von Hass vergiftet zu werden? Die Eltern hatten immer versucht, ihren begabten Sohn zu einer Mindestanpassung an die Verhältnisse zu drängen. Wenigstens genug mitspielen sollte er, um sich nicht die Zukunft zu verbauen. Er hätte ja nur die eine, glaubten sie. Und irrten auf wundersame Weise. Klaus Zehs jäher politischer Aufstieg in seinem zweiten deutschen Leben nach der Vereinigung wäre undenkbar ohne den biographischen

Beweis gewesen, dass einer mit Anstand und Leistung durch die DDR kommen konnte. Ohne Dissident zu sein, Häftling, Flüchtling auf der Mauer: nur mit aufrechter Haltung und einem moralischen Kompass. Nicht jeder, der in der DDR schlecht gelitten oder gar ein Paria gewesen und von der Geschichte ins Recht gesetzt worden war, konnte der Versuchung widerstehen, sich rückwirkend zum Helden aufzuwerfen. Klaus Zeh verweigerte mit einer Mühelosigkeit die Legendenbildung, die staunen machte. «So war das.»

Es schien, als reflektierte er mit scharfem Verstand eher Dinge und Verhältnisse, gewissermaßen dem christlichen Kollektiv verpflichtet, als sein eigenes Handeln und Hoffen. Sein Glaube führte ihn. Man musste ihn bitten und verführen, einmal über sich selbst zu sprechen. Etwa darüber, wie das für einen Jungen in der DDR gewesen war, nicht wirklich dazuzugehören: «Bis zum Alter von acht, neun Jahren war die Außenseiterrolle belastend», erinnert er sich, «aber dann, so in der 5., 6. Klasse, fand ich diese persönliche Situation eher interessant. Die abgeschottete DDR gab es ja nicht.» Es war wahr, dass man als Westdeutscher allzu leicht dem SED-Mythos der total kontrollierten Republik mit durchherrschtem Alltag auf den Leim ging. Zeh hatte es besser gewusst: Westmedien waren seine Kumpel, Zeugen und Komplizen geworden. «Bonanza» hatten Jungen wie er ebenso gekannt wie die fetzige Rockmusik aus dem Bremer «Beatclub». In Leipzig hatte es alle Sender gegeben. Und Klaus hatte Indianer und Cowboy gespielt, nicht Komsomolze und Kosmonaut. Verbotenes hatte sie, frei nach Wolf Biermann, wie alle Jungen gerade scharfgemacht. Es war seine Rettung gewesen: «Irgendwann war das Außenseitertum cool. Ich fühlte mich nicht mehr auf der falschen Seite.»

Nur im deutschen Arbeiter- und Bauernstaat, der die Januskópfigkeit im Öffentlichen und Privaten nicht nur geduldet, sondern verlangt hatte, konnte ein frommer Musterschüler subversiver sein als ein punkiger Aussteiger. Dem hatte man versucht, in staatlichen Erziehungsheimen seine Renitenz auszutreiben. Klaus Zeh aber war kein «Gammler», kein «Asozialer», kein Headbanger, dem man die Altmänner-Rüge «Kultur-Barbar» hätte anhängen können. Er mied Alkohol, die Freizeitdroge der DDR für jung und alt, wie jeden anderen Exzess. Er spielte angepasst genug nach den sozialistischen Einheitsregeln, um nicht im Knast zu landen, und zugleich, notgedrungen und seinem Glauben folgend, nicht geschmeidig genug, um sicher vor Disqualifizierung durch den Staat zu sein. Der hatte dem Jungen das Gymnasium verbauen wollen, dann das Studium, schließlich den Doktortitel vorenthalten. Einfach weil Zeh stur seinen Gott über die göttlichen Genossen Marx und Lenin gestellt hatte, in wortloser Aufwiegelung, im unterwandernden Gebet. Wäre er laut und dumm gewesen, man hätte ihn leicht ruhigstellen können. Wäre er smart und eitel gewesen, man hätte ihn für die Partei gewinnen können. Klaus Zeh war nicht zu greifen gewesen, nur behindern und piesacken konnte man ihn.

Der Widerstandsgeist verbündete sich und blieb in der Familie. Wie die Eltern, die aus demselben Milieu in Schlesien gekommen waren und einander den Rücken gestärkt hatten, fand Klaus Zeh eine gleichgesinnte und gleichgläubige Liebe in seiner Ehe. Niemand würde je wissen können, ob jeder der beiden es allein geschafft hätte, dem Regime zu widerstehen und bei Sinnen und in Freiheit zu bleiben. Es schien, dass ihr Glaube dem Ehepaar Zeh den Weg gewiesen hatte, als es im Frühjahr 1985 ein im Februar geborenes Mädchen zur Pflege annahm. Sie hatten Geschwister für ihren Jungen ersehnt, der Anfang 1985 fünf Jahre gewesen war. Wieder bedurfte es der ganzen Kunstfertigkeit der inneren Oppositionellen, um zu verhindern, dass der Staat ihnen das Kind erneut entzog. Am Ende siegte ihre Beharrlichkeit.

Der Sommer 1985 wurde bestimmt von Kinderpflege, Klaus Zeh arbeitete Nachtschicht, versorgte das Baby am Vormittag. Seine Frau übernahm den Nachmittag und Abend, Zeh erinnert sich liebevoll an eine «schlafarme Zeit». Nach der Mutterzeit durfte seine

Frau durch Freistellung im Betrieb in die Pflege und Erziehung einsteigen. Freunde halfen, es war «eine schöne Erfahrung». Die Erinnerung an eine Kuriosität hellt seine Miene auf: «In der ersten Woche nach der Geburt – und jeder wusste ja, meine Frau war nicht schwanger –, wurde in Erfurt bekannt, dass ein Baby entführt worden war. Die Polizei stand sofort vor unserer Tür. Die Nachbarn hatten natürlich geplaudert. Doch es war ein Junge, der entführt worden war. Und wir hatten ja ein Mädel. Das Kind war ein Geschenk, das die beiden sich selber gaben. «Ein Kind ist gut, zwei sind genug, drei sind asozial», hieß es damals in Deutschland Ost wie West. Zehs Christenliebe hätte gereicht für Hunderte Kinder, er wäre gern Lehrer geworden. Nur nicht in der DDR. Aber seine Frau und er durften schließlich ihre Tochter adoptieren. Jedes Kind zählte, das man den Ideologen entziehen konnte, es zählte doppelt: als Verlust für das Regime und Gewinn für die Menschlichkeit.

So begab es sich, dass Klaus Zeh Windeln wechselte und Fläschchen gab, während draußen der Kalte Krieg abzutauen schien. Bundespräsident Richard von Weizsäcker hielt seine auf Anhieb legendäre Rede zum 8. Mai, die den Tag der Kapitulation zum Triumphdatum der Befreiung erhob. Klaus Zeh war ein aufmerksamer Zuhörer: «Es war wichtig, richtig und überfällig, dass das von einem Bundespräsidenten so gesagt wurde.» Schon um die verlogene DDR-Propaganda zu widerlegen, die den sogenannten «Bonner Ultras» gerne allein den braunen Nachlass des «alten deutschen revanchistischen Systems» übertrug und sich «die fortschrittliche Tradition deutscher Geschichte» auf die Fahnen schrieb. Von seinen Kirchenkontakten wusste Klaus Zeh eine Menge Dinge, die auszusprechen sich verboten – etwa die Verstrickung vieler SED-Funktionäre in das Nazi-Regime. Der Eintritt in die SED war oft ausreichend gewesen, um die Vergangenheit ehemaliger Parteigenossen der NSDAP zu tilgen. Persilschein Ost. «Deshalb war in der DDR der ‹alte Geist› viel präsenter: So gesehen, war der Osten in manchen Dingen ‹deutscher› als der Westen.»

Niemand wusste 1985, dass die deutschere Hälfte des geteilten Landes keine fünf Jahre überleben würde. Honecker glaubte noch im Todeskampf der DDR an hundert Jahre. Während Klaus Zeh sich der Babypflege hingab, standen Ronald Reagan und Helmut Kohl auf dem Soldatenfriedhof in Bitburg. Die Kameras fehlten, als am 11. Juni die Glienicker Brücke zum Schauplatz des größten Agentenaustauschs der Nachkriegszeit wurde: Vier Ostspione wechselten mit fünfundzwanzig Westspionen die Seiten. Anfang Juli taumelten die Westdeutschen kollektiv ins Tennisfieber, als ein siebzehnjähriger sommersprossiger

Kerl aus Leimen das Turnier in Wimbledon gewann. In der DDR hießen die Popstars des Sommers Petra Zieger und Ralf Schmidt alias IC Falkenberg, Boris Becker war nur TV-Zitat. Dafür bekamen Ostberliner Taxis, unvergessen, das mikroelektronische Taxameter «Botax 80». Mitte September kam Willy Brandt dorthin zu Besuch, unternahm eine Stadtrundfahrt und traf Erich Honecker. Innerdeutsche Normalität. So wie die üblichen Versprechen von Reiseerleichterungen oder ein paar Landminen weniger an der innerdeutschen Grenze. Alles gegen gutes Geld. Normales politisches Geschäft eben. Bestürzend normal, schaut man zurück.

Gerade Ältere, in deren Erinnerung die Jahre und Zeiten zu verwischen pflegen, sollten sich die Normalität von 1985 vergegenwärtigen, um Klaus Zeh gerecht zu werden. Das Loch in der Ozonschicht wurde entdeckt, und in der DDR war «Zeit, die nie vergeht» von Perl ein Hit. Marc Chagall, Heinrich Böll und Orson Welles starben; die späteren Stars Michael Phelps, Cristiano Ronaldo und Keira Knightley wurden geboren. «Amadeus» wurde zum Best Picture bei den Oscars gekürt, das «Titanic»-Wrack wurde entdeckt, Patrick Süskind veröffentlichte «Das Parfum», und Günter Wallraff arbeitete als Prolet getarnt «Ganz unten». Im Prozess um die gefälschten Hitler-Tagebücher fielen die Urteile, die «Lindenstraße» ging auf Sendung, und der Liter Normalbenzin kostete 135,7 Pfennige. Zum ersten Mal gab es Smogalarm der Katastrophenstufe III im Ruhrgebiet, Christian Klar und Brigitte Mohnhaupt wurden wegen Mordversuchen, Beteiligung an Morden und Mitgliedschaft in der RAF zu einer lebenslangen Haftstrafe verurteilt. Mann des Jahres des «Time»-Magazins wurde Deng Xiaoping. Wir haben die Ehre, im Blick zurück ohne Zorn und Eifer, Klaus Zeh zum ‹Deutschen Mann des Jahres 1985› zu erklären.

In den Jahren, die auf den Babysommer 1985 folgten, hatten die beiden Zehs einander, ihre Kinder und ihre Freundeskreise in der Gemeinde. Nicht immer ihren Mut. Sie widerstanden der Versuchung, wie ihre Cousins in den Westen zu gehen. Leicht fiel ihnen das nicht. Aber Klaus Zeh und seine Frau hatten erlebt, was geschah, wenn Familienmitglieder in den Westen gingen. Bis Anfang der achtziger Jahre wurden die zurückgebliebenen Angehörigen drangsaliert, im Beruf kaltgestellt oder degradiert. Die beiden wussten, was es bedeutete, wenn man sie in Verhören in die Mangel nehmen würde. Klaus Zeh selbst erging es einmal so, als seine Ehefrau drei Wochen beim bisher einzigen Verwandtenbesuch im Westen verweilte und etwas überzog. Da sprang die Maschinerie der Einschüchterung an, da wurde einbestellt, verhört, gedroht. Nach dieser Tortur hatten die Zehs keine üble Lust, die Paranoia des Regimes endlich zu rechtfertigen und «nach drüben zu machen», wie manche das nannten.

Klaus Zeh vollendete 1987 seine Doktorarbeit, bekam als Missliebiger jedoch nur eine von sieben nötigen Unterschriften und hätte aufgeben können. Noch war er nicht am Ende. 1989 dauerte es nur eine Woche, um alle Unterschriften (Stasi inklusive) zu sammeln, und bald muteten ihm die alten Kader zu, im neuen freien Deutschland für ihre Harmlosigkeit zu bürgen. Keiner hatte es je böse gemeint, sie hatten ja nur ihre Pflicht getan für Partei und Staat. Um vor sich selbst bestehen zu können, musste Klaus Zeh 1989 handeln: «Ich habe als Kind erlebt, wie schlimm es ist, mit zwei Gesichtern zu leben. Ein offizielles Gesicht in der Schule und ein privates Gesicht zu Hause und im Freundeskreis. Es war mir ein Gräuel, dass meine Kinder dieses Lügenmüssen auch erleben sollten.» Dass es mit der Lügerei einmal ein Ende haben würde, hatte er 1985 nicht zu hoffen gewagt. Immerhin wurde das Jahr für ihn das «Jahr des konziliaren Prozesses für Gerechtigkeit, Frieden und Bewahrung der Schöpfung». Gerade der Umweltschutz zog ihn an – ein Interesse, intensiviert durch seine Machtlosigkeit gegenüber den giftig-schaumigen Flüssen der DDR.

Klaus Zeh hatte anständige Stasi-Leute erlebt und

widerwärtige Typen außerhalb der Politik. Deshalb war er immer gegen die «Rasenmähermethode» kollektiver Verurteilung gewesen. Hatte er nach dem Untergang der DDR Rachegelüste? Nein. Er kannte einige, denen hätte er gerne mal seine Meinung «gegeigt». Doch das hatte sich einfach nicht ergeben. Vielleicht auch deshalb, weil er zu wenig in die unmittelbare Konfrontation mit der Staatsmacht geraten war. Im Gefängnis hatte er nie gesessen. Wäre Zeh selbstgerechter gewesen, er hätte nicht erwähnen müssen, dass es auch «ehrliche Typen bei den Genossen gab, die sich engagieren wollten». Mit Hardlinern, die in allen Systemen abtauchen und gut über die Runden kamen, konnte Klaus Zeh wenig anfangen. Im thüringischen Nordhausen, das ihn zum Oberbürgermeister wählte, kannte er die alten DDR-Netzwerke und «Altlasten» nicht so gut. Vielleicht ein Segen. Sie zogen erst 1990 in die Heimatstadt seiner Frau. Sicher hatte er Fehler gemacht, machte sie noch, gerade in der verrückten Beschleunigung der Flüchtlingskrise, die auch seine Stadt anging. Doch allen Kritikastern sagte er: «Besser ein nicht so guter Einigungsvertrag und einige Fehler als kein Einigungsvertrag und keine Einigung. Und die nächste Wiedervereinigung machen wir dann besser.»

Mit dem Wort «Wende» durfte man ihm nicht kommen. Es war verdorben, kontaminiert durch Egon Krenz, der noch im Untergang den Etikettenschwindel des «Sozialismus mit menschlichem Antlitz» behaupten musste. Zeh erklärt: «Wir wollten 1989 keine Gewalt. Das ist uns gelungen. Wir können stolz darauf sein, dass es die erste friedliche Revolution auf deutschem Boden war. Und sie ist uns auch noch gelungen. Krenz wollte die Bewegung damals kleinreden. So viel Ehre sollten wir Krenz nicht zuteilwerden lassen, Namensgeber für diese Zeit zu sein.» Ein Umsturz war es, allein «friedliche Revolution» ließ er seit je gelten. Die nächste Revolution, in der zusammenwachsen musste, was nie zusammengehört hatte, muss er jetzt, als Oberbürgermeister, moderieren. Er nimmt die Sorgen der Leute ernst, hat Angst, sie an die Rechten mit den einfachen Rezepten zu verlieren. Zeh fürchtet Hassprediger, Islamisten, Judenhasser in den Flüchtlingsunterkünften, er sorgt sich um eine Spaltung der Gesellschaft und die Radikalisierung der Ränder. Der CDU-Politiker klingt eher nach strenger Liebe, «tough love», als nach Bergpredigt: «Wenn jemand in ein Haus einzieht, muss er die Hausordnung beachten, sonst kann er nicht bleiben. Und unsere Hausordnung ist das Grundgesetz.»

Seine Haltung ist geprägt von der historischen Erfahrung, als dissidenter, befreiter Ostdeutscher das neue Deutschland mitzugestalten. Alle hatten sich anpassen müssen, als die DDR auf dem Kehrichthaufen der Geschichte landete. Alle, auch Klaus Zeh, der endlich recht bekam. Er hat nicht mit sich handeln lassen, wenn er glaubte, dass das Grundgesetz nicht den Respekt erfuhr, den es brauchte und den er verlangte. Er konnte es nie leiden, wenn subjektive Gerechtigkeit höher geachtet wurde als objektive Freiheit. Es ärgerte ihn, dass der Versorgungsanspruch aus der DDR in den Westen einwanderte. Und er vergaß nie, dass es 1985 als gewaltiges Entgegenkommen des «Friedensstaates» DDR galt, Landminen von der innerdeutschen Grenze zu entfernen.

Läppische einunddreißig Jahre ist das her. Wenige wissen so gut wie Klaus Zeh, wie viel es wert ist, dass es allen Deutschen sogar freisteht, ihre Freiheit gering zu schätzen.

1995: *Der Himmel unter Berlin*

BUM BUM BUM.

Es war eine dieser Nächte im E-Werk, vielleicht war es auch schon Tag, als Ellen Allien zum ersten Mal ihre Macht spürte. Sie hatte gerade eine Platte aufgelegt: wuchtige Bassline und ein minimaler Sound. BUM BUM BUM. Trockeneisnebel waberte weiß durch die Fabrikhalle, neonfarbene Tücher hingen von der Decke herab, Laserlicht schoss durch den hohen Raum und prallte von den gefliesten Wänden zurück in die feuchte Luft. Blitze erleuchteten für Sekundenbruchteile die schwitzenden Körper, die sich stumm zu den harten Beats bewegten. BUM BUM BUM. Ellen zögerte die Monotonie noch ein paar Minuten lang hinaus, dann ließ sie die Hi-Hat in die Halle knallen. Plötzlich begannen die Körper zu schreien. Klang. Licht. Ekstase. Sie blickte von ihren Plattentellern auf. In diesem Moment lernte sie, wie das geht: eine Menschenmenge zum Höhepunkt bringen.

Dieser Sommer 1995 versprach heiß zu werden. Die Wetterdienste sahen Jahrhundertwerte voraus, rekordverdächtige Sonnentage, ungetrübten blauen Himmel und kaum Regen. Für den Urlaub würde man in diesem Jahr keinen Pass einstecken müssen, denn im Frühling war das lange geplante Abkommen von Schengen endlich in Kraft getreten. Deutschland, Frankreich, Belgien, die Niederlande und Luxemburg hatten ihre Kontrollposten an den Grenzen bereits abgebaut, und auch Spanien und Portugal kündigten an, Reisende ab sofort ungehindert passieren zu lassen. Während sich der Horizont gen Westen ins Unermessliche zu strecken schien, braute sich im Osten zwar bereits der nächste Sturm zusammen. Der Bundestag in Bonn hatte soeben eine Operation der Bundeswehr in Bosnien gebilligt, der erste deutsche Militäreinsatz seit dem Ende des Zweiten Weltkriegs rückte näher. Doch hier in Berlin war das alles weit, weit weg. In der stillgelegten DDR tobte eine Party ihrem Scheitelpunkt entgegen, die in der Nacht des Mauerfalls begonnen hatte. Noch war niemand bereit, nach Hause zu gehen. Die Tristesse des Kalten Kriegs war längst nicht ausgeschwitzt.

Ellen Allien steckte sie noch in allen Poren. Sie war, anders als viele auf dieser Riesenparty, eine echte Berlinerin. Sie war in Tempelhof aufgewachsen, in einer Hochhaussiedlung südlich des Flughafens, den damals, in den siebziger Jahren, die Amerikaner kommandierten. Die Mutter zog sie und die ältere Schwester alleine groß. Gelegentlich übernachteten die Mädchen bei der Oma, die wohnte in Lichtenrade, gleich an der Mauer. Eines Nachts hörten sie einen lauten Knall durch die Straße peitschen. «Schon wieder Schüsse an der Mauer», lasen sie am anderen Morgen auf der Titelseite der «B. Z.» unten am Kiosk.

In Westberlin war der Krieg eingefroren. Auf dem Weg zur Oma sah sie Soldaten patrouillieren, ab und zu rollte ein Panzer vorbei, Militärmaschinen donnerten über die Siedlung. Eine Schwere hing über der Stadt wie der Geruch von Rekord-Kohlebriketts, den sie atmete, wenn sie das Fenster im Kinderzimmer öffnete. Ein Bekannter der Schwester stellte Jukeboxen in Kneipen auf und brachte ihr die aussortierten Schallplatten mit. War die Mutter aus dem Haus, hob sie die Lautsprecher auf die Fensterbank zum Hof, damit die Nachbarn ihre neue Musik hören konnten. Freitags nahm die Schwester sie manchmal mit in den Jugendclub. Der Türsteher drückte ein Auge zu, er wohnte im gleichen Haus. Im Club liefen die Charts rauf und runter, Madonna, Whitney Houston und immer wieder Michael Jackson. Als der DJ einmal Kraftwerk spielte, spürte sie, wie der Sound sich in ihre Synapsen grub und den Takt der Gehirnwellen veränderte. Musik war etwas Körperliches, ein Kanal, der Schwingungen erzeugte, Gefühle intensivierte. Sie kribbelte in den Handflächen, beschrieb Stimmungen treffender als Worte, war Bestandsaufnahme und Verstärker der Welt. Musik dehnte die Weite in ihr und sprengte die Beklemmung da draußen.

Nach dem Schulabschluss floh sie aus der Enge der halbierten Stadt. Sie zog nach London, jobbte als Kindermädchen und genoss die grenzenlose Freiheit des Nachtlebens. In den Clubs von Soho hörte sie zum ersten Mal Acid House. Der Knall der Bassdrum war mitreißender als alles, wozu sie in Westberliner Jugenddiscos je getanzt hatte. Es war, als würde er den Startschuss in ein neues Zeitalter geben, in dem sich alle bisher bekannten Rhythmen auflösten, um in eine Komposition zu fließen, die gleichsam unbequem und verheißend klang. Nach einem Jahr legte sie ihre neuen Platten in den Koffer und kehrte heim zu ihrem Freund, der mit ein paar Leuten ein leerstehendes Haus in Schöneberg besetzt hatte. Im ersten Stock hatte er sich ein kleines Studio eingerichtet, in dem er afrikanische Bands produzierte, darüber teilten sie sich eine Wohnung. Ein paar Wochen später, sie lag gerade auf dem selbstgezimmerten Hochbett, rief der Freund aus der Küche zu ihr rüber: «Im Radio sagen sie, die Mauer ist auf.» – «Willst du mich verarschen?», schrie sie zurück.

Schummrig, das war ihr erster Eindruck von der Stadt hinter der Mauer. Mit dem Fahrrad ging sie auf

Safari. Friedrichshain, Prenzlauer Berg, Mitte. Fassaden, perforiert von Einschusslöchern, altersmürbe, teergeflickte Straßen. Blassgelbe Straßenbahnen krochen an rußig braunen Häusern vorbei. Straßenbahnen kannte sie aus dem Westen nicht, auch nicht diesen Mangel an Licht. Nirgends blinkte Reklame, selbst die Laternen warfen mehr Schatten als Schein auf die breiten Gehwege, ihre Kegel schimmerten schwächlich orange gegen die Abenddämmerung an. Dieses Ostberlin war ein anderer Planet.

Nachts stand sie hinter der Theke im Fischlabor und verkaufte «Space Beer» in Flaschen, deren Etiketten im Dunkel leuchteten. Die Schöneberger Kneipe war einer der ersten Orte Berlins, an denen Techno aufgelegt wurde. Acid House aus England, Deep House aus Chicago und vor allem der harte Sound aus Detroit. Manchmal spielte Ellen ein selbstgemixtes Tape ab. Sie experimentierte, schnitt Passagen aneinander, sampelte, ohne viel Ahnung von der Technik zu haben. Ecki, der Barkeeper, nannte sie «mein Ellien», weil er fand, ihre Musik klinge wie der erste «Alien»-Film: irgendwie mystisch, aus einem anderen Universum. Eines Abends, es waren noch keine Gäste da, hockte sie mit Ecki an der Bar, als ein Veranstalter vom E-Werk reinkam, einem der größten neuen Techno-Clubs der Stadt.

«Ich will, dass du bei mir auflegst», sagte er zu ihr.

«Ich leg nich bei dir im Club auf, ich hab noch nie vor Leuten gespielt, ich kann das nich.»

«Doch. Wie ist dein DJ-Name? Ich pack dich einfach auf den Flyer.»

«Nee, echt nich …»

«Allien!», rief Ecki dazwischen. «Ellen Allien. Aber mit Doppel-L!»

Den Namen trägt sie bis heute, obwohl sie ihn mittlerweile etwas albern findet. Er wirbt in fetten Buchstaben auf den Line-ups der Sommerfestivals auf Ibiza, in Marokko und Brasilien. Er steht für das Berlin-Gefühl: wild und frei. Dieses Berlin ist schon ein bisschen her. Manchmal mischt sie Passagen aus früheren Stücken in ihre Sets, Reminiszenzen an die Pioniertage des Techno, doch in den Gesichtern ihrer Fans flackert keine Erinnerung auf, sie haben diese Zeit nicht miterlebt. Die Menge vor dem Mischpult bleibt immer gleich alt, nur Ellen wird älter. Aber wenn sie auflegt, sieht sie aus wie eine junge Frau. Springt hinter den Plattentellern hin und her. Breitet die Arme aus, als würde sie fliegen. Der blonde Zopf hüpft im Takt, sie trägt ihn mädchenhaft mittig auf dem Kopf. Über die Innenseite ihres linken Unterarms zieht sich ein Alien-Tattoo, ihr Markenzeichen.

Der Wecker klingelt meist mitten in der Nacht. Sie hat sich angewöhnt, in Etappen zu schlafen, nickert am Flughafen, duscht in der Lounge. Sie kann noch so müde sein, sobald die Nadel auf der Platte aufsetzt, ist sie wieder aufgekratzt. Ruhepausen kommen in ihrem Leben nicht vor, sie muss in Bewegung bleiben, wie ein Marathonläufer, sagt sie über sich selbst. Vielleicht weil früher alles stillstand, in jede Richtung eine Blockade sperrte. «Diese Energie», sagt sie, «der Optimismus, der kommt vom Mauerfall.» Sie schnippt mit den Fingern. «Von heute auf morgen war plötzlich alles möglich. Damals habe ich mein Spielfeld geschaffen.»

Die alte Ordnung existierte nicht mehr, eine neue war nicht in Sicht. Auf der Suche nach Spielfeldern zog die Jugend mit Taschenlampen und Brechstangen durchs Niemandsland am früheren Todesstreifen und eröffnete Clubs, die so hießen wie die Orte, die sie vorfanden. Bunker. E-Werk. Tresor. In der Panzerkammer des ehemaligen Wertheim-Kaufhauses am Leipziger Platz hatte vor dem Krieg die Globus-Reisebank ihr Geld deponiert. Zwischen den Gitterstäben und rostigen Schließfächern lag nun die Tanzfläche. Das Mischpult stand auf einem alten Brauereitisch, Zigarettenqualm drängte sich unter die niedrige Decke, Schweiß tropfte hinab, durchs Gitter reichten sie lauwarmes Bier. Manchmal funktionierten die Feuerzeuge nicht mehr, weil der Sauerstoff verbraucht war. An eine Lüftung hatte niemand gedacht.

Wenn die Polizei kam, was selten passierte, zeigte jemand ein Papier mit vielen Stempeln. Es war gefälscht, aber egal, wem hier was gehörte und welche Regeln nun eigentlich galten, konnte eh niemand sagen. Die implodierte DDR hatte sich in eine «Temporäre Autonome Zone» verwandelt. So lautete der Titel eines Buches, das in der Szene zirkulierte. Hakim Bey, ein amerikanischer Philosoph, entwickelte darin die Idee einer nur kurzzeitig existierenden Zone, in der gesellschaftliche Regeln und Machtverhältnisse außer Kraft gesetzt sind. Ein Möglichkeitsraum, der sich genauso lange öffnet, wie die Eigentumsverhältnisse nicht geklärt sind und die Investoren noch schlafen. In Berlin wurde die Utopie Realität. Es war die Stunde der Anarchisten, die sich der Brachen bemächtigten, um der so unverhofft gewonnenen Freiheit ein rauschendes Fest zu widmen, auf dem nichts galt außer dem Hier und Jetzt. Eine friedliche Revolution der Raver. Techno war der Soundtrack dieses Ausnahmezustands.

Von den neuen Koordinaten ihrer Stadt hörte Ellen im Fischlabor. Dort traf sie Leute, die ihr den Weg wiesen in eine Bunkeranlage aus dem Krieg, die Ruine eines Kaufhauses, ein Umspannwerk beim ehemaligen Reichsluftfahrtministerium. Das Herz schlug ihr im Hals, wenn sie eine Treppe runterlief, immer tiefer unter die Erde, immer dunkler, dem dumpfen Hämmern entgegen, das langsam lauter wurde, bis sich eine Tür öffnete und ihr Stroboskopblitze ins Gesicht zuckten, Nebel mit Erdbeeraroma die Lunge füllte, der Beat aufs Trommelfell krachte. Die Musik war metallisch, roh und schmutzig, wie der Club, der sie in eine andere Dimension holte. Zeit und Raum lösten sich auf, der Kopf driftete weg und überließ dem Körper die Kontrolle, der tanzte, bis die Euphorie durch alle Zellen strömte.

In Hip-Hop-Clubs konnte es passieren, dass sie plötzlich eine fremde Hand am Hintern fühlte und dreiste Sprüche in ihr Ohr zischten. In den Songs ging es um schwere Typen und leichte Frauen, die Atmosphäre war schwül und sexistisch. Hier konnte sie sich frei bewegen und ihren Körper der Trance anvertrauen. Es ging um die Bewegung, nicht ums Baggern. Auf den Technopartys stand niemand am Rand und versuchte, möglichst cool auszusehen. Die Leute kamen für die Ekstase. Zu einhundertzwanzig Beats pro Minute konnte man gar nicht richtig tanzen, also konnte man es auch nicht falsch machen. Dress Codes gab es nicht. Weil alle schwitzten, war die Kleidung funktional. Die Musik hatte keinen Text, keine Botschaft – darin konnte sich jeder wiederfinden. Sie hatte sich die Haare kurz rasiert und wasserstoffblond gefärbt, trug Jeans und weite T-Shirts. Jedes Wochenende lernte sie neue Leute kennen. Kids aus dem Osten, die bei den schicken Westclubs abgewiesen worden waren, Schwule, die auf der Tanzfläche knutschten, Hooligans, Hausbesetzer, Ex-Punks, Soldaten auf Urlaub. Alle Leute, die keinen Bock mehr auf die Deutschland-Depression hatten. Jeder war gleich, alle waren frei, vereint in der Ahnung, Teil eines unwiederbringlichen Moments zu sein.

Viele von ihren neuen Freunden kamen aus Ostberlin. In den Clubs schüttelten sie den Muff der SED-normierten Jugendkultur ab. Schluss mit den «Schallplattenunterhaltern», die ihnen politisch konforme Schlager aufzwangen, jetzt durfte jeder auflegen, was er wollte. Hier unten im Keller spielte die Politik da oben keine Rolle; «Besser-Wessi» und «Jammer-Ossi» waren keine Begriffe. Die Veranstalter waren Ossis, die DJs Wessis oder umgekehrt, ihre Partyflyer verkündeten den «Austritt aus der Realität». Neue Drogen beflügelten die Reise. Ecstasy, bunte Pillen, lieferten die Energie, um durchzutanzen. Sonntagmittags, wenn sie aus so einem Keller emporstieg, die Ohren nachdröhnten und das Tageslicht blendete, fuhr sie manchmal mit zu ihren neuen Freunden. In stets gleich eingerichteten Wohnungen hingen sie herum, Geld hatte niemand, alles wurde getauscht. Die DDR hatte feste Berufe für sie vorgesehen. Schlosser, Sachbearbeiter, Druckereibuchbinder. Was sollte aus ihnen werden?

Ellen versuchte, sich mit ihrer Musik über Wasser zu halten und allem, was irgendwie damit zu tun hatte: Vier Tage die Woche arbeitete sie im Delirium, einem

Plattenladen in Wilmersdorf, in dem sich die Techno-Avantgarde traf, um die neuesten Trends auszuchecken. Donnerstagabends hatte sie eine eigene Show bei dem Radiosender Kiss FM; am Wochenende legte sie auf, im Fischlabor, im E-Werk, im Tacheles und bald jeden Sonntag im Tresor. Dort saß sie auch mal hinter der Kasse oder stand an der Tür. Und dort, in den Ladengassen, beim Aufräumen nach den Partys, lernte sie auch die brutalen Seiten des Nachtlebens kennen. Aus den dunkleren Ecken des Ostens trat die Mafia auf den Plan und forderte Schutzgeld von den Clubs. An einem Abend bekam sie mit, wie ein paar Russen den Veranstalter bedrohten, er solle die Eintrittsgelder rausrücken. Als er sich weigerte, prügelten sie ihn zu Boden. Er stand wieder auf, wollte Stärke beweisen, wieder schlugen sie ihn nieder. Die Freunde packten Ellen am Arm: «Du kannst jetzt nichts tun.» Sie hielt den Atem an, hoffte, dass er einfach liegen bleiben würde, doch er raffte sich wieder hoch, aus seinen Wangen quoll Blut. Wieder schlugen sie ihm ins Gesicht.

Solche Szenen härteten ab. Schmal war sie und eigentlich eher schüchtern, aber mit Bescheidenheit, das merkte sie schnell, würde sie nicht weit kommen. Weil nur wenige Frauen in der Branche selbst Musik machten, genoss sie am DJ-Pult stets große Aufmerksamkeit. Wobei genießen das falsche Wort war. Die

Nadel des Plattenspielers zitterte, so nervös war sie bei ihren ersten Auftritten. Sie machte sich Gedanken, was die anderen von ihr hielten, die älteren DJs, die sie wie die kleine Schwester behandelten, leise lächelnd beobachteten, wie sie auflegte und ihr schon mal ein paar Kniffe zeigten. Ihre Sets waren nicht so hart wie die der Männer, nicht so monoton. Sie mochte Stilbrüche und wilde Mixe, Hauptsache, es schlackerte, und der Rhythmus hatte Arsch. Sie tanzte mit, während sie an den Knöpfen drehte, in dem kleinen Kosmos, den sie sich aus Klängen erschuf. Manchmal schaute sie dabei die Leute an. Es gefiel ihr, wenn sie die Augen schlossen, es schien ihr dann, als würden sie gemeinsam schweben. Mit der Zeit erkannte sie die Gesichter in den ersten Reihen wieder. Sie hatte einen Fanclub gewonnen, der ihr von Auftritt zu Auftritt folgte.

Während einer Loveparade übertrug sie ihre Radiosendung sechzig Stunden lang live aus dem Tresor. Immer öfter kamen Leute vor ans Pult und fragten nach einem Mitschnitt. Sie griffen nach dem Moment, als ob sie ihn festhalten, das Hier und Jetzt noch ein bisschen hinauszögern könnten. Spürten sie, dass sich das Zeitfenster der «Temporären Autonomen Zone» allmählich schloss? Die Polizei ging nun regelmäßig auf Razzia und wollte ordentliche Genehmigungen sehen. Investoren rissen sich um den Baugrund in der neuen Mitte Berlins, Clubs mussten dichtmachen oder umziehen, an ihrer Stelle schossen Bürokomplexe in die Höhe. Aus den paar hundert, die anfangs hinter den Wagen der Loveparade hertanzten, waren Hunderttausende geworden. Camel und Puma sponserten sie jetzt. Marushas «Somewhere over the Rainbow» war ihre Hymne, mit dem Track stürmte Techno in die Charts. Der Ausverkauf des Underground hatte begonnen, und rund um die Szene waren neue Berufe entstanden: die Hobbytüftler firmierten als Produzenten, die Leute, die immer die Flyer für die Partys gebastelt hatten, wurden Designer, und der Kumpel, der den nächsten Auftritt klargemacht hatte, nannte sich jetzt Booker.

Wer weiter mitspielen wollte, musste das nächste Level erreichen. 1995 gründete Ellen ihr eigenes Label, «Brain Candy». Sie kaufte ein Faxgerät, schrieb auf dem Fußboden die Bestellungen an den Vertrieb. Nach zwei Jahren war sie bankrott. Sie hatte zu viel produziert, zu wenig verkauft. Die Gema, eine Rechteverwertungsgesellschaft, wollte Geld sehen, das Radio setzte ihre Sendung ab. Die Blase, in der sie geflogen war, platzte, Realität strömte ein. Wie sollte sie die offenen Rechnungen bezahlen? Sie spürte die Skepsis ihrer Familie: DJ, was soll das bitte für ein Beruf sein? Die Freunde kamen immer seltener in die Clubs, kriegten Kinder oder promovierten, alle hatten sie auf einmal anstrengende Jobs. Die Party war vorbei, und der Tag, dieser Alltag, war so nüchtern, voller Regeln und fester Abläufe. Bei Licht betrachtet, war sie ein Alien. Sie sah die anderen marschieren und konnte sich nicht einordnen, wollte das auch nicht. Doch wie sollte es dann weitergehen? Sie überlegte, ein Studium anzufangen, aber was sie nun einmal richtig gut konnte, war feiern, Leute zum Tanzen bringen. Irgendwie musste sie in Bewegung bleiben. Sie organisierte eine Partyreihe, lud befreundete DJs ein, auch Kollegen aus dem Ausland kamen vorbei. Oft fingen sie am Mischpult junge Leute ab: «Hör dir das mal an», steckten ihr Mixtapes zu. «Daraus muss sich doch was machen lassen», drängten Freunde. «Du hast so viele Kontakte.» Also probierte sie es noch einmal. 1999 sollte alles besser werden.

Im Bundestag packten sie gerade die letzten Kisten, «Bonn – Berlin» wies die Aufschrift nüchtern an. Unterm Julimond rollten jede Nacht Züge in die alte, neue Hauptstadt, vierzig Container pro Lieferung. Im Lehrter Bahnhof wurden sie umgeladen: einhundertzwanzigtausend Möbel, achtunddreißig Kilometer Akten, sechsundvierzigtausend Bücherkartons und das Inventar mehrerer Hausdruckereien nahmen von dort ihren Weg ins nahegelegene Regierungsviertel. Die Abgeordneten richteten ihre Büros ein, und das Volk stand Schlange vor der frischgeschmirgelten Sandsteinfassade des Reichstags. Expressaufzüge beförderten die Masse portionsweise auf das Dach hin zur gläsernen Kuppel; knapp sechzigtausend Menschen verzeichnete der Besucherdienst in den ersten Tagen nach der Eröffnung. Bis spät in die Nacht strebten sie hinauf, wenn die Lichter der Baustellen den wöchentlichen Höchststand der Skyline markierten. Während die große Politik wieder einzog, zogen deutsche Soldaten wieder aus; im Kosovo beschossen sie jetzt Radarstellungen der serbischen Streitkräfte. Joschka Fischer verteidigte den Einsatz und sprach von einem sich wiederholenden Auschwitz, da traf den linken «Kriegshetzer» ein roter Farbbeutel am rechten Ohr.

Ellen nahm die Ereignisse dieses Sommers nur aus den Augenwinkeln heraus wahr. «BPitch Control», ihr neues Label, erforderte ihre ganze Aufmerksamkeit. Dieses Mal nutzte sie ihr Netzwerk: Sie produzierte die ersten Platten von Sascha Funke und Paul Kalkbrenner, zwei ostdeutschen DJs, die bald weltweit bekannt wurden. Electro «Made in Berlin» war das neue deutsche Gütesiegel, ein Export, der weiter reichte als Luft-Boden-Raketen. Das Echo des Einschlags begann mit einem anschwellenden Summen. Irgendwann saß sie in der Straßenbahn, als sich die Stimmen um sie herum in ihr Bewusstsein schoben: Schwäbisch, Italienisch, Spanisch, Französisch, Englisch – ein babylonisches Gewirr. Mehr und mehr Touristen kamen, sie wollten die Hauptstadt des Techno besuchen und nachsehen, was von der Spielwiese der Post-Wende-Anarchie übrig geblieben war. Internationale Magazine schwärmten vom Berliner Nachtleben, das noch immer keine Sperrstunde kannte. Berlin sei arm, aber sexy, verkündete Klaus Wowereit, das Heilsversprechen machte die Runde: Hier kannst du frei sein. Frei und wild. Die günstigen Mieten lockten Künstler an, Leute, die irgendwas mit Musik oder Medien machen wollten, junge Schwule, die aus ihren katholischen Dörfern im Süden Europas ausbrachen.

Sie veränderten das Gesicht der Stadt. Das rußige Braun der alten Fassaden verschwand unter Malerrollen, Kohleöfen wurden ausrangiert, Eckkneipen und kleine Läden gegen Bars und Ateliers eingetauscht. Meist waren es Leute, die vor Jahren selbst zugezogen waren, die nun über steigende Mieten und die vielen Touristen schimpften. Ellen stimmte in diesen Chor nicht mit ein. Zu gut konnte sie sich noch daran erinnern, wie dröge es war, als Westberlin einem Provinznest glich, das kaum jemand besuchen wollte – oder durfte. Ihre Heimat war jetzt Sehnsuchtsort, Weltstadt wie New York oder Paris. Nur cooler. Die Tanzflächen der Clubs füllten sich wieder, und in ihrem Postfach fand sie plötzlich Anfragen aus Tokio, Barcelona und London. Sie konnte sich eine Wohnung kaufen und Mitarbeiter einstellen. Drogen nahm sie nur noch selten, sie brauchte einen klaren Kopf, um die neuen Herausforderungen zu bestehen und den Überblick über die Geschäfte zu behalten.

Als sie an einem Montagmorgen heimfuhr, ihre Plattenkoffer unterm Arm, und die Menschen beobachtete, die Aktentaschen zur Arbeit trugen, fühlte sie die Energie wieder, diesen Optimismus. Sie war kein Alien mehr. Sie gehörte zu Berlin wie die Nacht zum Tag.

Der erste eigene Track, den sie mit ihrem neuen Label produzierte, trug den Titel «Stadtkind». Er hatte einen schnellen Beat und einen Text:

Die Nacht ist vorbei
ein neuer Tag beginnt
alles strömt
Berlin
du gibst mir die Kraft
bin ein Teil von dir

2005: *Unser Mann am Hindukusch*

Sie trafen sich

in einem Berliner Hotel am «Tag der Veteranen» der Bundeswehr, um zu diskutieren, wer sie sind. Wenn es sie, Veteranen, überhaupt gab in dem Land, für das sie den Kopf riskierten. Siebzig waren es etwa, und das galt als große Zahl. Der Bundeswehr ist Bescheidenheit befohlen. Tarnung bis zur Unsichtbarkeit, bitte nicht stören. Im Saal ein paar Jungs, kahl geschoren, Kampferfahrung und frühes Altern im Blick, «Combat Veterans» auf dem T-Shirt, die Freundin an der Schulter. Ob Rückkehrer oder Veteranen, es fehle an Respekt für ihren Einsatz, murrten sie. Statt Achtung zu bekommen, kämpfen sie mit der Bürokratie, mit einem Einsatzversorgungsverbesserunggesetz. Niemand wisse, sagte einer, wie viele Veteranen auf der Straße landeten. Wie viele in Scheidungen, Arbeitslosigkeit, im Freitod. Man kenne das aus den USA. Niemand wolle es wissen. Eine Veteranen-Mutter bekam den stärksten Applaus, als sie schimpfte: «Wenn wir ein Tierschutzverein wären, der sich aufregt, weil drei Feldhamster unter den Mähdrescher geraten sind, würden wir in diesem Land mehr erreichen, als wenn wir uns für hunderttausend Soldaten einsetzen.» Nicken, Bedrückung, guter Wille und Zorn. Einer, ein jugendlicher Oberstleutnant im grauen Dienstanzug, ließ sich nicht beirren und nicht beschimpfen. Stattdessen erzählte André Wüstner von dem Anschlag im Jahr 2005 in Afghanistan. Wenn man Kameraden verliere, sagte er, während das letzte Geschwätz erlosch, dann verschiebe sich etwas in einem.

Zu Beginn des Jahres 2005 hatten sich die Deutschen daran gewöhnt, dass ihre Soldaten in Afghanistan Brunnen bauten, Wahlen schützten, Krieg spielten. Nichts Ernstes. In Talkshows wurde gelegentlich debattiert, was «Feindberührung» bedeutete und wie die Aufständischen zu bezeichnen wären. Politiker nannten den Krieg Friedensmission. Aus Rücksichtnahme. Man wollte sich und den Wählern Ungelegenheiten ersparen. Und selbst die Taliban schienen der Verdrängung der deutschen Bürger zu assistieren: In der Mitte, im Westen und im Norden Afghanistans blieb es ruhiger als im Süden und Osten, wo Streitkräfte anderer Länder in der «International Security Assistance Force» (ISAF) nahezu täglich Hinterhalten und Anschlägen ausgesetzt waren. Als der Terror am Morgen des 7. Juli im Londoner Berufsverkehr siebenunddreißig Menschen tötete und siebenhundert verletzte, wandte sich der Blick der Deutschen ab von ihren Soldaten am Hindukusch und richtete sich furchtsam auf das eigene Land.

Wir wussten nichts darüber, ob die deutschen Soldaten Tino Käßner, Stefan Deuschl, Armin Franz und André Wüstner in Kabul darunter litten, von ihren Mitbürgern vergessen worden zu sein. Wir wussten genau, dass im November jenes Jahres in Afghanistan – ohne besondere militärische Vorkommnisse zuvor – einer der vier fiel, ein zweiter beide Beine verlor, ein anderer seinen rechten Unterschenkel. An einem einzigen Tag. Der vierte kehrte seelisch versehrt zurück, ohne es sich einzugestehen. Sein Wertesystem hatte sich jäh verschoben, und es ließ sich nicht wieder einrichten wie ein paar Jahre zuvor nach seinem Einsatz im Kosovo. André Wüstner brauchte Jahre und schließlich die erweckende Lektüre eines Buches von Tino Käßner, um sich seine Wunden einzugestehen und zu lernen, dass sie nur heilen, wenn man sie durch geduldiges Reden entgiftet.

Die Mutter und die Ehefrau des zweiundvierzigjährigen Oberstleutnant André Wüstner, seit 2013 Vorsitzender des Deutschen Bundeswehrverbandes, lebten beide all die Jahre in der Furcht, ihn könnte auf Dienstreisen in Kriegsgebiete sein Glück verlassen. Zwei Kinder brauchten ihn. Dem Söhnchen hatte er erklärt, der Job an der Spitze des mächtigen Verbandes (mehr als zweihunderttausend Mitglieder) sei wie der eines «Klassensprechers, nur etwas größer». In Afghanistan arbeitete im Jahr 2005 der Kompaniechef der Panzergrenadiere daran, seine Männer und Frauen wieder heil nach Hause zu bringen. Der Auftrag war nach den Anschlägen vom 11. September 2001 für Wüstner zunächst einfach gewesen: «Rein, terroristische Strukturen zerschlagen, wieder raus.» Inzwischen waren die Dinge kompliziert geworden: Polizisten ausbilden, Wahlbegleitung, alte Waffenlager aufspüren und zerstören, mit nationalen Organisationen und NGOs «Good Governance» vorbereiten. Wüstner und seine Truppe verstanden bald: «Wenn wir nicht mit diesem vernetzten Ansatz Erfolg haben, wird uns das eines Tages, in vier oder fünf Jahren, in die Luft fliegen.»

Wer ihm begegnete, verstand: André Wüstner würde noch ein jungenhaft wirkender Mann sein, wenn er in den Ruhestand ginge; wohl ein Leben lang gesegnet (und belastet) mit einem ewig frischen Teint. Selbst wenn es ihm elend ging, zeigte er eben jene Mischung aus Tatkraft und Nachdenklichkeit, die Vorgesetzte sich vom höheren Offiziersnachwuchs der deutschen Parlamentsarmee wünschten. Wüstner konnte Dinge in Worte fassen – druckreif, wenn es um die Programmatik seiner Lobbyarbeit ging –, zu denen andere Soldaten vielsagend die Aussage verweigerten. Eine fränkische Sprachmelodie erdete seine Intellektualität, die Truppe konnte folgen und folgte ihm. Weil er echt war: Don't just talk the talk, walk the walk.

Die Flucht in entnervtes Schweigen nach der Heimkehr von einem Einsatz ist verbreitet in der Truppe. Und eine Pest für die Soldaten und alle, die sie lieben. Läppisch erscheint den Veteranen das alte Zivilleben, lachhaft die Konflikte im deutschen Alltag. Wüstner hatte das erlebt, die «Verschiebung des Werte- und Normenkorsetts» nach einem halben Jahr, während «normal wird, was Wahnsinn ist». Je länger man weg sei, desto größer die Verschiebung. Und die Anstrengung, zur Normalität der Wohlstandsgesellschaft zurückzufinden. «Wenn die Ehefrau etwa Nichtigkeiten problematisiere: ‹Der Nachbar macht Probleme mit der Mülltrennung, das geht doch nicht.›» Da könne man ausrasten und manche täten es. «Man wird aggressiv: ‹Weißt du, was da draußen, am anderen Ende der Welt, los ist? Glaubst du, dass Mülltrennung das zentrale Problem der Erde ist?›»

Selbst Freunde hörten nur kurz zu, wenn Soldaten von ihren Erfahrungen berichteten, erzählt Wüstner, dann kämen sie schnell auf ihr neues Auto oder den Urlaub zurück. «Früher gehörte ich auch zu denen, die sagten: Ich habe die Faxen dicke zu erklären, was wir dort machen. Aber das ist falsch … Wenn wir nicht öffentlich über uns, über unser Selbstverständnis und unsere Einsätze reden, macht es nahezu niemand.» Man wundere sich nicht: Nur 18 Prozent der Deutschen sind bereit, für Recht und Freiheit zur Waffe zu greifen. Soldaten gelten als Kriegsprofis, Söldner im eigenen Land, die sich ihr Risiko mit einem hohen Zuschlag vergelten lassen. «Ihr seid selbst schuld», hören sie, «beklagt euch nicht auch noch.»

Im Jahr 2005 herrschte Krieg im Irak. Die Deutschen nahmen es in ihrer Mehrheit mit Genugtuung (manche mit Schadenfreude) zur Kenntnis, dass die USA am 12. Januar die Suche nach Massenvernichtungswaffen im eroberten Irak offiziell aufgaben. Zwei Tage danach wurde in Texas der Hauptverantwortliche für die Gefängnisgräuel von Abu Ghraib zu zehn Jahren Haft verurteilt. Wieder fühlten sich viele Deutsche bestätigt und sauwohl in dem Gefühl, dass ihre Soldaten sich raushielten aus allem. Die Anschläge und Gefechte im Irak waren täglicher Nachrichtenstoff, die Zerfetzten, Zermalmten, Invaliden ungezählt. Am 20. Januar wurde George W. Bush zum zweiten Mal vereidigt; der Mann geschähe den Amerikanern recht, sagten manche, und fluchten wohlig auf den «Kriegstreiber». Neun Tage darauf tötete in Südwestafghanistan eine Landmine der Taliban neun Soldaten. Keine Deutschen. Die berührte mehr, dass das Jahrhundert-

Boxidol Max Schmeling im Februar starb und Papst Johannes Paul II. Anfang April. Nur die Bluttaten in London erschütterten für kurze Zeit ein Jahr der Routine für die Deutschen – Bayern München wurde wieder einmal Meister, Griechenland gewann den Eurovision Song Contest, und das Unwort des Jahres hieß am Ende «Entlassungsproduktivität». Eine innige Seelenverwandte zu dem älteren, nicht minder eleganten Begriff «Kopfzahlbegradigung». Krieg um den Arbeitsplatz.

Die blutige Kopfzahlbereinigung im Krieg ging die Deutschen fast nichts an. Die meisten scherte es nicht, als ihr Parlament und das Kabinett Ende September eine Ausweitung des deutschen ISAF-Mandats beschlossen. Um ein Jahr verlängerte sich die Einsatzdauer, bis zum 13. Oktober 2006, auf dreitausend Mann wurde die Truppe aufgestockt. Die Bundesrepublik stellte bis Sommer des folgenden Jahres das größte Truppenkontingent der ISAF. Truppenführern wie André Wüstner konnte die Verstärkung nur recht sein. Der Kompaniechef und seine Soldaten fuhren noch in offenen, teils ungeschützten «Wölfen», den deutschen Jeeps, durch Kabul. Sie kauften Brot in der Stadt und redeten mit den Leuten, so gut es ging. Zwar lief der Polizeiaufbau, für den die Deutschen zuständig waren, ziemlich chaotisch: «Es gab keine klaren Ziele, keine klaren Strukturen, keine Klarheit zum Thema Waffenbesitz, Korruption und mehr», erinnert sich Wüstner. Dennoch, die ISAF war willkommen, und die Soldaten spürten es. André Wüstner: «Später, als wir nur noch in geschützten Fahrzeugen unterwegs waren – mein Kommandeur nannte sie ‹Autistenkisten› –, waren wir sicherer. Aber das Verhältnis zur Bevölkerung verschlechterte sich durch die mangelnde Kommunikation schleichend.»

Wüstner selbst hat eine Kommunikationsform entwickelt, die zwischen knappem Soldatenjargon und der weicheren Übersetzung für Zivilisten wechselt. Der Lobbyist in Uniform muss von den Ungedienten verstanden werden, ohne dass seine Kameraden den Respekt vor ihm verlieren. «Man» sagt der Oberstleutnant oft, wenn er sich selbst meint, weil er das wohl unsoldatische «Ich» vermeiden will. Man ist dritte Person, man ist ein Instrument höherer Gewalten. «Man hat sich auf zwei Jahre verpflichtet», «man hat gekoppelt», sagt er. Die Zeichen- und Kürzelsprache des Militärs fährt ihm bisweilen unversehens in die Parade. Eingefärbt ist diese Melange mit Sarkasmus, der die Soldaten schützte auf dem primitiv-gefährlichen Schlachtfeld. Esel sind «SLTs», Schwerlasttransporter, für schweres Gerät auf Bergmärschen. Das Wort «klassisch» (Gefechtssituation; Hinterhalt) fällt bei Wüstner oft, es klingt nach Offizierslehrgängen. Einmal wird der frühere Kompaniechef authentisch, als er einen Befehl wiedergibt: «O.k., fünf Soldaten: Machen!» So hört sich das also an, wenn gemacht wird. Wenn nicht mehr hin und her diskutiert wird wie in der ewig schwatzenden Zivilgesellschaft zu Hause, die sie am Hindukusch verteidigten. Man muss sich nicht wundern, dass viele Soldaten die Rückkehr in die komplizierte Heimat als Verwirrung erleben. Niemand befiehlt und niemand folgt, viele handeln, keiner trägt Verantwortung. Es lebe das einfache Soldatenleben.

Es war nicht der geschmeidige Lobbyist, sondern der befehlsgewohnte Kompaniechef, der am frühen Nachmittag des 14. November am östlichen Stadtrand von Kabul in der Militärbasis der deutschen ISAF-Verbände, Camp Ware House, die nächsten Operationen plante – als ihn um 14.45 Uhr eine starke Detonation zusammenfahren ließ. Er sah Rauch aufsteigen, ein paar Kilometer in Richtung Stadt. «Bei uns schlagen relativ schnell erste Lageinformationen auf: Vermutlich Sprengstoffanschlag; die «Schnelle Eingreiftruppe», an dem Tag etwa fünfundzwanzig Mann meiner Kompanie, werden in Marsch gesetzt. Zehn Minuten später heißt es: Eventuell Deutsche betroffen.» André Wüstner startete mit der sogenannten Chefgruppe in Richtung Tatort, acht Mann in zwei Wölfen, und wurde sogleich ins Feldlazarett des US-Camps Phoenix umdirigiert. «Wir gehen rein, und ich sehe jemanden dort liegen: total verschmaucht, verbrannt, voller Blut – und ich erkenne ihn nicht. Er hat viel Blut verloren, es sieht nicht gut aus.» Es würde ihn jahrelang nicht mehr loslassen, dass er Tino Käßner nicht erkannte. Noch wusste Wüstner nicht, dass ein weiterer Kamerad, Oberstleutnant Armin Franz, ein Reservist, gefallen ist und ein anderer, Hauptfeldwebel Stefan Deuschl, beide Beine verloren hat.

«Wir kannten sie gut, es waren ein Stabsoffizier, zuständig für Delegationsbesuche im Einsatz, und ein Team von Feldjägern, Profis im Personenschutz. Erstklassig ausgebildete Kameraden, die Generale, Parlamentarier oder hochrangige Besucher bei ihren Visiten im Einsatzland betreuten.» Wüstner klingt beinahe schuldbewusst, so, als mache er sich Vorwürfe, die Personenschützer, die ihm nicht unterstellt waren, nicht geschützt zu haben. Käßner wird von den Deutschen übernommen und in das deutsche Feldlazarett gebracht; es ist so gut ausgestattet, dass man Verwundete anderer ISAF-Staaten dorthin bringt. In ihrem Buch «Wofür wir kämpfen – Wie der Krieg in Afghanistan unser Leben veränderte» (2011) haben Tino und seine Ehefrau Antje Käßner das Selbstmordattentat beschrieben: Kein Smog, kein Staub wie meist, bei 25 Grad lag «ein Hauch von Frühling wie ein Versprechen für eine bessere Zukunft über dieser geschundenen Stadt», als die drei Männer mit ihrem gepanzerten

«Wolf» zu einer Routinefahrt aufbrachen. Niemand sah den Toyota des bärtigen Mannes, bis er sie seitlich von hinten rammte. Erst als ihr Wagen nicht mehr ansprang und sie ausstiegen, ließ der Mörder seinen Sprengsatz detonieren: Ohne die Panzerung der geöffneten Türen wären sie alle drei getötet worden.

«Ich fixiere den Fahrer, und wir bekommen Blickkontakt», beschreibt Tino Käßner die Schreckenssekunden in seinem Buch. «Er sieht aus wie Millionen andere afghanische Männer: schwarzer Bart, tiefschwarze, funkelnde Augen, schwarze Kopfbedeckung. Er schaut mich an, der Mund ist zu einem schiefen Grinsen verzogen. (…) Die Explosion ist ungeheuerlich. Sie nimmt jede Faser deines Körpers, jeden Nerv in ihre Gewalt. Sie greift nach deinem Leben und versucht, dich auszulöschen. Zwölf Kilo TNT zündet der Attentäter in zwei bis drei Metern Abstand zu uns. Ein greller Blitz, warmes, pulsierendes Orange – du spürst das Blut in deinen Adern kochen. Die Augen sind geblendet, und dann dieses Pfeifen im Ohr wie nach einem Hörsturz – es ist, als hätte eine einstürzende Wand dich lebendig begraben und liege mit tonnenschwerem Druck auf deiner Lunge. Nach dem grellen Blitz wird es dunkel von Staub. Glas und Metall, Dreck prasselt auf dich herab. Du kannst nicht atmen. Deine Lunge brennt, du drohst zu ersticken. Du kannst dich nicht bewegen, hier ist das Leben zuende. (…) Die nächste Erinnerung: Ich lausche in meinen Körper hinein, konzentriere mich auf Arme und Beine – ich spüre keinerlei Schmerzen. Es scheint nichts zu fehlen, aber die Adern sind vollgepumpt mit Adrenalin, das betäubt und täuscht. (…) Aufstehen geht nicht mehr. Mir wird klar, dass etwas mit meinen Beinen nicht stimmt.»

Noch bevor Wüstner und sein Team den Anschlagsort erreichten, explodierte etwa zweihundert Meter entfernt ein zweiter Sprengsatz. Nun wurden die Briten und die deutsche «Schnelle Einsatztruppe», die absperren und Spuren sichern sollten, immer nervöser. «Insbesondere die Briten sind voll unter Strom. Mit vorgehaltener Waffe, Pistole an die Schläfe, zwingen sie Afghanen, ihre Autos wegzufahren und die Straße frei zu machen», erzählt Wüstner. Er ist im Nachhinein noch immer tief beeindruckt, wie besonnen seine Soldaten in der Konfrontation mit den Zivilisten – manche hatten eine Waffe umhängen – blieben. «Unsere Berührung mit Tod und Verwundung war noch gering ausgeprägt. Je mehr Kameraden verwundet werden oder gar fallen, desto eher ist man geneigt, schneller als zuvor abzudrücken.» Amerikanische Soldaten im Irak hätten vielleicht geschossen.

Einige der Wüstner unterstellten Soldaten würden noch Jahre an dem tragen, was sie an jenem Novembertag sahen. «Manche bekommen den zweiten Anschlag nicht aus dem Kopf. Ein Trümmerfeld und die Bilder von Leichenteilen, wir vermuteten, auch von Kindern. Man sah abgerissene Hände, Füße. Und dann sah man die streunenden Hunde aus Kabul kommen, die begannen, an diesen Gliedmaßen zu nagen. Das hat uns alle fertiggemacht und geprägt.» Wüstner erinnert sich an einen Hauptfeldwebel, «ein Mann wie ein Schrank, topfit, angesehener Erfahrungsträger der Kompanie», Vater von zwei Kindern, der nicht bemerkt, dass er es nicht aushält. Erst Jahre danach ging er zum Psychologen. Deshalb steigen auch die PTBS-Zahlen, erklärt Wüstner: «Gerade weil große Einsätze rückläufig sind und es kaum noch Möglichkeiten der Ablenkung durch eine Freiwilligenmeldung für den nächsten Einsatz gibt, beginnt für Soldaten eine Orientierungslosigkeit, ja eine Art Hölle zu Hause.» Wenn es eine Familie gibt und Freunde, leiden sie, und falls ihre Hilfe nicht greift, können die Traumatisierten bis zum Freitod sinken. Wüstner kam vermeintlich zurecht, weil er erfolgreich verdrängte. Nie besuchte er die beiden verwundeten Kameraden, es genügte ihm, sie versorgt zu wissen. Erst das Buch von Tino Käßner änderte alles. Er las es in einer Nacht – und er weinte. So wie sich seine Augen röten und die Stimme rau wird, als er von den Leichenteilen der Kinder in Kabul spricht. «Niemand, der so etwas nicht erlebt hat, kann da mitreden.» Kein Widerspruch.

Fünf Tage nach dem Selbstmordattentat in Kabul, am 19. November, verübten Soldaten des United States Marine Corps als Vergeltung für den Tod eines Kameraden im Irak das Massaker von Haditha. Vierundzwanzig Zivilisten verlieren in der Stadt ihr Leben. Der deutsche Offizier André Wüstner ahnte, welche furchtbare Wut die Marines zu Mördern hatte werden lassen. Die Deutschen erinnerten sich zum Jahresende 2005, wenn überhaupt, an eine beruhigend blutarme Friedensmission in Afghanistan. Wenig passierte, nichts Neues im Osten. Nebenbei hatten die Deutschen gewählt. Neugierig beschäftigten sie sich mit der CDU-Politikerin Angela Merkel, die am 22. November im Bundestag zur Bundeskanzlerin gekürt wird. Knapp zehn Jahre später dienten achthundertsiebenundneunzig deutsche Soldatinnen und Soldaten in der «Operation Resolute Support» in Afghanistan und Usbekistan, mehr als fünfundfünfzig ließen dort ihr Leben. Man wollte manchmal, das deutsche Gedenken an diese Gefallenen und die Achtung vor ihren Soldaten wäre ähnlich robust und unterstützend.

Keine andere Nation in Europa, von dem nie verschämten Nationalismus in den Vereinigten Staaten nicht zu reden, mutet ihren Soldaten einen solchen Widerspruch zwischen gesellschaftlichem Auftrag und Ansehen zu. Die Deutschen wollen eine Armee, die nicht von sich reden macht. Kein Aufsehen, keine

Gefallenen, wenn möglich. Billig soll es obendrein sein, schließlich sind sie Exportweltmeister, nicht Weltpolizist. Nichts bringt André Wüstner mehr auf als diese doppelte Moral. Man gönnt der Bundeswehr nicht einmal das Pathos der Fußballnationalmannschaft. Die Streitkräfte sollen abstraktes Werkzeug der Politik sein, keine leibhaftigen oder gar toten Menschen. Veteranen sind nicht vorgesehen. Lange kann das nicht gutgehen, sagen alle. Sie sagen es schon lange.

2015: Der Damaszener

Bis zur Hüfte

steckt eine Frau in einem schwarzen Stoffschlauch, der am Bühnenrand endet. Sie zieht sich heraus, aber sie kann dem Tod und den zugedachten Worten ihres Schöpfers nicht entkommen. Der Schöpfer dieses Bildes ist Anis Hamdoun. In dem Vier-Personen-Stück «The Trip» ist Homs die antike «Stadt der Sonne», der schwarze Tee ist süß, der gelbe Käse der beste in der Stadt, und «Kaffee ist (mein) syrischer Wodka». Farben sind wichtig für Ramie (alias Anis), der nach Deutschland geflohen ist und sich verloren fühlt ohne sein Land und seine Träume. Drei Freunde, getötet in der Revolution, leben und streiten weiter in seinem Kopf. Sie sind in Einzelhaft, sie reden, während er hastig zu einem imaginären Vorstellungsgespräch marschiert, das er nie erreicht. Mohammed wollte einst Bauingenieur werden und starb als Erster. Sarah wollte Ärztin werden, durfte aber nur die High School abschließen und verprellt seither heiratswillige Männer mit ihren «schlechten Manieren». Sie ist der «Freigeist in der Stadt der Sonne».

Sarah wird verhaftet von Schergen des Assad-Regimes und im Gefängnis vergewaltigt und geschwängert. Sie stirbt durch Freitod, um die Schande für ihre Familie zu tilgen. Auch Ramies Freund Saleem wird verhaftet; er wird unter Folter von Assads Geheimdienst ermordet. Sie sind Ramies Teilidentitäten, Freunde, Zeugen der Anklage und Plagegeister seines schlechten Gewissens: Hat er sie nicht verraten und verlassen, als er aus Syrien floh? Als er weiterlebte ohne sie?

An einem schwülen Julimittag in Osnabrück saß ein Mann mit Zehntagebart, Pferdeschwanz, schwarzer Augenklappe beim Kaffee in einer Osnabrücker Fußgängerzone und lachte den Tod aus. Beim letzten Gelächter hatte Anis Hamdoun in Homs sein linkes Auge verloren, und der Tod hatte zurückgegrinst und beinahe gesiegt. Irgendwann, als sie ihm einen Plastikball in die Augenhöhle geschoben hatten, damit das Gesicht nicht zerfiel, mochte er beschlossen haben, von Vertreibung, Mord und Grausamkeit nur hohnlachend zu berichten. Glucksend, kichernd, mit einer hellen Knabenstimme, die dem schwergewichtigen Syrer so unähnlich scheint, erzählt er von seinen Eskorten-Jobs für westliche Journalisten. Er hatte das Risiko gekannt, er war mutig gewesen, sagt er und lacht leise auf. Manchmal kamen Mütter mit kleinen Kindern, die fragten, ob er ein richtiger Pirat sei. Anis folgte bei seinen Antworten der Mimik der Mütter, die Wahrheit oder eine gute Story wünschten: «Klar, ich bin ein echter Pirat des Mittelmeers», grollte er dann, «aber mittwochs habe ich frei.» Oder er erklärte: «Weißt du, ich hatte einen Unfall mit dem Auge, aber jetzt bin ich okay.» Die Kinder waren immer glücklich, die Mütter so dankbar und der Pirat heiter. Die Leute von Osnabrück waren nett zu Anis, und er versuchte noch netter zu ihnen zu sein. Positiv sein, im Jetzt leben, ohne je die Wurzeln zu kappen – nur so, glaubte er, geht es. Anis hatte zu viel Tod, zu viel glücklichen Zufall erlebt, um ernst zu bleiben. Die Verhöhnung des Todes machte sein Leben leichter, aber den Schrecken nicht kleiner. Wer einige Stunden mit ihm verbrachte, verstand den Kunstgriff.

Am 8. August 2013 hatten Granatsplitter seinen Freund Mohammed in Homs direkt neben ihm in die Schläfe getroffen und binnen drei Stunden getötet. Anis hatte zwei Tage lang im Koma gelegen, irgendwie hatten sie ihn in einem Untergrundlazarett gerettet und nach Damaskus schaffen lassen. Er war genesen, wider alle Erwartung. Aber sein Leben als Schauspiellehrer und Regieassistent war vorbei, seine Ausbildung als Chemiker an der Universität sowieso erledigt. Als er nach Ägypten gegangen war, hatte er seine bürgerlichen Existenzen zurückgelassen, wie allen Besitz. Nie würde er seine Diplome an der Uni abholen lassen können. «Bring uns Anis, und wir lassen dich laufen», würden Assads Schergen den Boten vor die Wahl stellen. Sein Leben in Syrien war gelöscht. Mit einem UNO-Kontingent war ihm und seiner Frau Zainab Alsawah die Flucht gelungen.

«And here we are», sagt er dann grinsend, «und hier bin ich nun.» Einfach so, vom Himmel gefallen wie ein Meteorit, zugleich Chemiker, Intellektueller, Englischlehrer, Theatermann aus einer Familie von Künstlern, Ingenieuren und «Kommunisten» (behauptete er selbst) – dem Grauen in Homs entflohen. Der typische syrische Flüchtling im Sommer 2015?

Anis war mit Zainab am 19. November 2013 nach Osnabrück gekommen, mit einem selbstbezahlten Flug von Kairo über Istanbul nach Hannover. «Osnabrück wird dir guttun: Es ist Deutschland für Anfänger», hatte sein Reporterfreund Alexander ihn ermutigt. Groß genug für Theater, Kinos, Universität, überschaubar genug, um sich schnell auszukennen und ein Netzwerk aufzubauen. Homs, die Millionenstadt, geschändet und zerschossen im Krieg des Assad-Regimes gegen die «Rebellenhochburg», ging als Siedlung Emesa zweitausend Jahre zurück. Osnabrück bot einhundertfünfundfünfzigtausend Einwohner, reines Hochdeutsch, zweiundzwanzigtausend Studenten und die Unterzeichnung des Westfälischen Friedens 1648. Kein

Grund also, sich zu fürchten. Und Anis, der niemanden lange siezte und sich nicht siezen ließ, hatte die Stadt umarmt, die, von der Freundlichkeit des Flüchtlings entwaffnet, selbst nur offen und hilfsbereit sein konnte. «Ausländerfeindlichkeit» zählt zu den wenigen deutschen Wörtern, die Anis kaum aussprechen kann. Dieses Wort hatte er nie gebrauchen müssen, vielleicht war es auch zu kompliziert. Wohlmeinende hatten ihn gewarnt: «Niemand spricht in Osnabrück Englisch, und pass nur auf: Die Deutschen sind Rassisten!» Nichts davon hatte sich erfüllt. Die einstige britische Garnison, die ein Theater («The Ostensibles») anstiftete und bis heute lebendig hinterließ, mochte ihren Anteil haben am geläufigen Englisch in der Stadt. Aber nichts und niemand hatte die Wissbegier von Zainab und Anis übertroffen, die in anderthalb Jahren die Deutschkurse A1 und 2, B1 und 2 und C1 mit sämtlichen Tests abschlossen. Anis liebte es, sein Englisch mit verblüffend akzentfreien deutschen Begriffen und grammatisch sauberen Halbsätzen zu spicken. Nur so, just for fun. Flüchtlingsein war hart genug. Es gab keinen Grund, sich das neue Leben auch noch selbst schwerzumachen. Anis wollte positiv herangehen, die Skepsis der Leute verstehen und sie ihnen nehmen, indem er planmäßig seinen Weg ging und erst recht mit doppelter Energie weitermachte, wenn er einmal scheiterte. Natürlich half es, eine gute Ausbildung zu haben, die Sprache zu sprechen, den Deutschen so rasch Bedenken und Zurückhaltung nehmen zu können. Er sieht nicht aus wie jedermann, aber die Leute haben ihn akzeptiert. Umarmung ist auch eine Form des Nahkampfs: Anis entwaffnet durch Charme und sein glucksendes Lachen; es scheint so oft fehl am Platz, dass es einfach nur befreit. Befreit auch von der Befangenheit, mit der Wohlmeinende einem Flüchtling aus einem Bürgerkriegsland begegneten. Unser Leben schien so satt und luxuriös, dass man sich schämte. Anis war unwiderstehlich darin, diese Scham zu zerstreuen, auch wenn er von getöteten Cousins und Freunden sprach.

Im Übrigen würzte er seine Freundlichkeit mit einer Prise harter Kritik an der «internationalen Gemeinschaft», die offenkundig kein Interesse daran hätte, Assad zu beseitigen wie einst Saddam Hussein und Gaddafi. «Die Aufständischen erhalten keine Waffen, wenn die USA und Europa das wollten, wäre es längst geschehen.» Auch zu Israel hatte er eine Haltung, die man eher zynisch nennen konnte. Aber das war sein gutes Recht, so wie Verblendung und politische Dummheit Grundrecht jedes deutschen Staatsbürgers sind. Zumal Anis den Rechtsstaat über die Maßen schätzte, mehr als eine Menge Eingeborener. «Ich halte mich an die Regeln, weil sie mich schützen, indem sie die Dinge berechenbar machen. Egal, ob man einen

Führerschein beantragt oder seinen Uniabschluss macht: keine Korruption, kein Geheimdienst.»

Im ersten Jahr hatte sich Anis Hamdoun bewusst von den Arabern in Osnabrück ferngehalten. Er wollte zuerst Deutsch lernen, sich sofort integrieren. Dann erst, glaubte er, kann man wieder auf seine Leute zurückkommen – aber aus einer anderen Position. Eine einzige syrische Familie zählten Anis und Zainab zu ihren Freunden, die anderen waren Deutsche oder andere Ausländer. Mit dem IT-Spezialisten Maan Mousli, der mit Frau und Kind ebenfalls im UN-Kontingent gekommen war, hatten sie die Produktionsfirma «Fourandhalf» gegründet, die nichts Geringeres plante als einen Integrations-Video-Kanon für Neuankömmlinge zu schaffen. «Achso from Osnabrück» hieß die Serie von Episoden, die auf YouTube zu sehen waren und im lokalen Fernsehen Osnabrücks. «Ach so» hatte Anis und Maan, genannt «Mister Man», fasziniert. Es war offenbar der alles klärende, jeden Streit auflösende Ausruf der Deutschen: so als gebe es, wie in einer idealen Welt, nur lösbare Missverständnisse zwischen Menschen. Das beträchtliche komödiantische Talent von Anis und «Mister Man», beide füllig und gemütlich wirkend, hoben die Spots, meist zwischen acht und zehn Minuten lang, aus der didaktischen Gutwilligkeit ihrer deutschen Freunde. Fremd sein, nicht durchblicken machte geradezu Spaß, wenn man

Anis zu Sprachschulen, auf Flohmärkte, zu Mieterver-einen begleitete; die arabischen Untertitel lieferten den einen Bedeutung, den anderen eine ästhetische Zierde. Anis Versuche, Deutschland zu erklären, waren in seinen besten Momenten ein aufklärerisches Vergnügen, in den schwachen Momenten blieb immerhin noch Didaktik. Auch nicht schlecht.

Anis Hamdoun schien durch Osnabrück zu tänzeln, als wäre das neue Leben eine Serie von Pointen in einem Kabarett. Sollte die Leichtigkeit aufgesetzt sein, zum eigenen Schutz, war sie blendend gespielt und tat ihren Nutzen. Auf seltsame Weise, irgendwann gestanden wir es uns, war der Mann der Traum eines Flüchtlings. So wünschte man sich doch die Neuen Deutschen, gebildet, talentiert, lebensklug und strebsam. Von Anis ließ man sich auch beiläufig belehren, wie nötig Deutschland eine Verjüngung durch ein paar Millionen Ausländer brauchte, die kommen wollten. Wenn dieses Land sie gut behandelte und ihnen Respekt zeigen würde, würden sie den Respekt erwidern, glaubte er. So war es ihm ergangen. Für Anis war es selbstverständlich, dass die Neuankömmlinge erst einmal mehr lernen und härter arbeiten mussten. Er hatte über Monate Zwölfstundentage durchgehalten, Intensiv-Deutschkurs und Proben am Stadttheater. Klar hatte er sich dort beworben für ein Praktikum, immerhin hatte er einiges als Theatermann vorzuweisen gehabt. Unter anderem hatte er «Dorian Gray» und «Tartuffe» für das englischsprachige Theater der Stadt «The Ostensibles» inszeniert. Aber als man ihm dort dann angeboten hatte, als Gastregisseur sein Stück für das Theaterfest «Spieltriebe 6» im September einzurichten, musste Anis verstanden haben, dass er in Deutschland angekommen war.

Schuldbewusst ließ er seine ermordeten Freunde Saleem, Sarah und Mohammend als Figuren in seinem Theaterstück «The Trip» weiterleben. «The Trip» wurde das erfolgreichste Stück des Festivals. Menschen weinten, umarmten ihn. Es war als einziges übernommen und immer wieder aufgeführt worden bis Ende Januar 2016. Die Caritas hatte eine Aufführung für eine Konferenz mit edlen und wohlbetuchten Spendern «gekauft»: Anis war hingerissen gewesen von dem Erfolg dort und von dem Gefühl, dort «zwei Milliarden Euro auf Beinen» zu treffen, die ihm bei seinem Filmprojekt helfen konnten. Der oberste Boss der Caritas, schwärmte Anis, hatte Anfang Dezember sogar zugesagt, das Projekt selbst zu fördern und weitere Geldgeber zu werben. Das war mehr gewesen, als Anis Hamdoun sich hatte erträumen können. Bis die vierhunderttausend Euro für das Filmbudget zusammenkamen, hatte er Integrationssprachkurse gehalten. Und den Ersatzvater, -onkel, -bruder für junge Burschen übernommen, die allein geflohen waren. Raus

aus Hartz IV, so lautete sein Ziel, für den Stolz vor allem. Ein Emanzipationsakt für einen Mann, der sich kastriert gefühlt hatte in seiner Bedürftigkeit, war der deutsche Führerschein gewesen: «Am 5. November, Mann, habe ich meine Eier zurückbekommen.»

Wollte er Deutscher werden? «Ich habe mich nicht mit dieser verdammten Sprache so angestrengt, um sie zu vergessen. Wenn man mir die Staatsbürgerschaft in Aussicht stellte, nähme ich mit Freuden an.» Es hätte ebenso gut Kanada sein können, sein erstes Ziel. Wenn Osnabrück ihn wollte und seine Zainab, würden sie bleiben. Schon weil im Juni Anis Hamdouns Vater, seine Mutter, eine Schwester und ihre Tochter in Nordrhein-Westfalen in einem Lager eingetroffen waren. Sie brauchten die lotsende Hilfe eines neuen Deutschen, eines Mannes, der über die Grenzen von Bundesländern hinweg reisen und für sie sprechen konnte. Das konnte Anis. Und er war stolz darauf.

Nicht alles gelang. Im Herbst 2015 waren Anis' Tanzschritte durch Osnabrück und die deutschen Verhältnisse schwerer geworden. Er hatte viel geschafft, aber nicht genug, glaubte er: Der tapfere Kerl, der ein Auge verloren hatte, als er den Tod auslachte im syrischen Krieg, fürchtete nun die Zermürbungen in dem fremden Frieden. Er hatte Angst, in der Hartz-IV-Falle festzukleben und irgendwann den Mut zu verlieren, er musste auf seinem Niveau bestehen.

Natürlich konnte er Regale auffüllen bei Aldi oder im Lager arbeiten, aber er wolle eine Arbeit finden, in der er zeigen konnte, was in ihm steckte: beim Film, Theater, seinethalben auch in der Werbung … Hustenanfälle fuhren ihm in die Rede, das giggelnde Lachen klang ein wenig bemüht. Es war, als hätte er all seine Kraft für diesen ersten Aufstieg gebraucht; nun war das Basislager erreicht. Anis und seiner Ehefrau Zainab waren die Deutschkurse ausgegangen; mit dem C1-Abschluss hatten sie sprachlich die Hochschulreife erreicht. Sie hatten alles richtig gemacht, besser als die meisten, weit waren sie gekommen in gerade zwei Jahren. Zainab, deren Sprachtalent Anis bewunderte und liebevoll verspottete («Als Mann kann ich mir das nicht länger gefallen lassen!»), hatte für zwei Monate einen Lehrauftrag «Deutsch für Ausländer» erkämpft. Anis aber kam zum ersten Mal nicht weiter.

Dabei war ihm im Sommer fast alles gelungen. Sein Theaterstück «The Trip» kam bei seinen drei Aufführungen im Rahmen des «Spieltriebe»-Festivals beim Publikum wie bei der Kritik glänzend an. Drei weitere Aufführungen wurden für die Wintermonate wegen des Erfolgs angesetzt; im Theater hat man versucht, einen Job für Anis Hamdoun zu finden. Nicht als Kulissenschieber oder zweiter Requisiteur, versteht sich. Bisher war es nicht gelungen, etwas im Haus für ihn zu finden. So wenig wie es Anis und

«Mr. Man» vermocht hatten, für eine Fortsetzung von «Achso» geneigte Geldgeber zu finden. Ihre Bemühungen verirrten sich in fremden Netzwerken, sie prallten ab an Institutionen, die sich nur über Beziehungen öffnen ließen. Deutschland mochte großzügig sein, wenn Bürgerkriegsflüchtlinge Schutz, ein Bett, warme Mahlzeiten und medizinische Grundversorgung brauchten. Doch wer mehr wollte, weil er mehr konnte, wer fürchtete, sich anfangs mit zu wenig zu bescheiden und dem Niveau nicht mehr zu entkommen – der hatte es schwer in einem Land, das sich verschanzte hinter gesetzlichen wie standesrechtlichen Forderungen nach Stapeln von Ausbildungs-Nachweisen, Zeugnissen und anderen Dokumenten. Wer nur mit Leib und Hoffnung der Verfolgung entkommen war, statt seinen akademischen Werdegang in Kisten per Luftpost vorauszuschicken, durfte nach Deutschland kommen, Asyl beantragen und bleiben. Er durfte Deutsch lernen, klug und fleißig sein. Aber er blieb Hilfsarbeiter, wenn er sich nicht wehrte.

Nun zählte Engelsgeduld nicht zu den vorzüglichen Eigenschaften des Künstlers und Kommunisten aus Homs. Damals hatte sein Vater die KP der Stadt geführt, Anis die Jugendorganisation. Die Mutter kam aus einer Schauspielerfamilie und war kaum weniger politisch. Warum der gefürchtete Geheimdienst des

Assad-Regimes die Familie lange gewähren ließ und sie auch in der Anfangsphase der Revolution 2011 nicht terrorisierte, scheint etwas rätselhaft. Anis' Großvater und Onkel sind prominente Schauspieler, die Familie gilt etwas unter Intellektuellen, aber der Diktator hatte sich durch solche Feinheiten nie beeindrucken lassen. Anis Hamdoun, der, so erzählt er gern selbstironisch prahlend, mit zehn Jahren sein erstes Theaterstück über die Revolution verfasst hatte, erlebte den «Arabischen Frühling» in Syrien als «Geburtstag». Er habe es kommen sehen, auch dass der Aufstand gegen das Regime blutiger sein werde als in Ägypten oder Tunesien.

Anis zögert nicht, Assads Geheimdienst mit der Gestapo gleichzusetzen und die totalitäre Schreckensherrschaft in Syrien mit Nazi-Deutschland. «Eines Tages musste diese Wand aus Angst vom Volk niedergerissen werden, und ich wollte dabei sein.» Auf Facebook habe er offen den Widerstand gegen Assad gepredigt und, wieder einmal, ein Theaterstück zur Revolution verfasst, das bei einer Demonstration aufgeführt wurde. Er war mutig und fahrlässig, bis seine Schauspielstudenten ihn denunzierten. Die Söhne von Parteifunktionären und Offizieren fanden ihren schrägen Lehrer wohl doch zu schrill, sie schlossen ihn mehrfach in seinem Theater ein. Einmal sollen Waffen im Spiel gewesen sein. Und eines Tages standen unauffällig gekleidete Männer in der Schule, um Anis Hamdoun abzuholen. «Islamischer Extremismus» lautete der Vorwurf: «Ausgerechnet ich, der atheistische Kommunist!», lacht Anis höhnisch. Zufällig war er an jenem Tag nicht in der Schule. Er kehrte nie zurück, wechselte zu einer Internationalen Schule. Dort, seltsam genug, ließ man ihn weiter unterrichten. Es gab einen General in Anis' Familie, der sie möglicherweise ganz oben vor dem Schlimmsten bewahrte. Der ließ ihm die Warnung zukommen, an Freitagen den Demonstrationen fernzubleiben. Dort warteten Assads Schergen auf ihn, um ihn für immer verschwinden zu lassen.

Es ist nicht leicht, sich vorzustellen, wie Anis, der Kommunist, unter der Assad-Diktatur in Homs recht unbehelligt gelebt hatte, gespielt, studiert und gearbeitet, bevor er sich der Revolution verschrieben hatte. Sich ihn in den Wirren des Bürgerkriegs, unter tödlichem Mörserfeuer vorzustellen, fällt erst recht schwer: der gutmütige, gemütliche Anis, der nie um eine Pointe und ein Lachen verlegen war und etwas zu viel wog. Knallharte Regimegegner, die ein Auge verloren hatten im Kampf gegen eine Diktatur, stellte man sich wohl etwas athletischer vor – und weniger jovial und sozial. Anis liebt Kinder, und gewiss lieben sie ihn, den seelenverwandten Gaukler. Er stiftet bei jedem, der ihm begegnet, sofort Vertrauen, weil sein Charisma – gerade für einen Schauspieler – bemerkenswert ungekünstelt und seine Rede frei von Opportunismus und Selbstüberhöhung ist.

Genug Künstler und politische Aktivisten konnten ein paar Wasserwerferattacken und Zusammentreffen mit fliegenden Pflastersteinen ihn ihren Erzählungen einem heldenhaften Erlebnis gleichstellen. Anis Hamdoun war, bei allem Selbstbewusstsein, ein bescheidener Mann geblieben, dem die Absurdität der menschlichen Existenz so vertraut war, wie ihm Pathos und Selbststilisierung fernlagen. Er erzählte etwa von jener Zeit, in der er sich nach seiner Verwundung und wundersamen Rettung durch die langen Monate der Rekonvaleszenz gebracht hatte, mit derselben Beiläufigkeit, die seine Anekdoten auszeichneten. Für fast ein Jahr im ägyptischen Exil hatte ihm die fehlende Räumlichkeit des Sehens zu schaffen gemacht, Treppenlaufen war schwierig gewesen. Einmal erwähnte er nebenbei, er habe wirklich sehr früh auf der Schauspielbühne gestanden, genau genommen gelegen: als Ungeborener im Leib seiner Mutter.

Um Syriens Kinder, die ohne Schule aufwuchsen, aber das Sturmgewehrhämmern eines AK-47 von einem M-16 unterscheiden könnten, sorgte er sich. Von Gewalt und Angst traumatisiert, könnten diese Kinder zerbrechen oder zu mitleidlosen Killern heranwachsen, ideale Rekruten für Terroristen wie Assad und den «Islamischen Staat». Was hatte die Gewalterfahrung bei Anis selbst angerichtet? Er dachte darüber nach, psychologische Selbstauskünfte hatte man nie von ihm hören wollen: «Ich kann als erwachsener Mann zwischen Krieg und Frieden, Rationalität und Gefühlen trennen.» Er hatte der Gewalt einen niederen Rang in seinem Leben zugewiesen. Eine schmerzhafte Bedeutung auch, wie jeder, der ihm ins Gesicht schaute, sehen kann, aber nicht prägend.

In seiner ersten Silvesternacht in Deutschland, als das Krachen, Knallen und Heulen um ihn herum explodiert war, hätte er ständig vor sich hin murmeln müssen: «Dies ist nur eine Riesenparty, vollkommen harmlos!» Er kannte genug Landsleute in Deutschland, die Schreckliches erlebt hatten und von Albträumen gemartert wurden. Manche hatten sogar Hilfe bei Therapeuten gesucht. Er könne sich selber helfen, sagte er, er sei eben ein Glückspilz («I'm the lucky guy!»). Doch wusste er auch, dass dieselben Menschen, die Furchtbares in Syrien durchgemacht hatten, Deutschland auf ewig dankbar sein würden. «Sie bewundern und lieben aufrichtig dieses Land, das sie aufnimmt und schützt. Und sie lieben Angela Merkel.» Sein schiefes Lächeln bezeugt, dass er diese Menschen verstand, aber ihre Liebe zur Kanzlerin für etwas naiv hielt. Er sieht den Zustrom der Flüchtlinge als Gewinn für das überalterte Deutschland, vielleicht nicht sofort, doch unabweislich. Geben und Nehmen, am Ende ein Geschäft für beide Seiten.

Anis Hamdoun hatte im frühen Sommer 2015 noch zur Vorhut der syrischen Asylsuchenden gezählt. Aber niemand, auch er nicht, hatte damals ahnen können, welche gewaltigen Fußvölker folgen würden. Niemand benutzte Anfang Juli den Begriff «Willkommenskultur» oder hatte ihn auch nur gekannt, mindestens im Mainstream von Medien und Publikum war er noch nicht angekommen. «Auch vor dem Sommer waren Syrer hier, in Osnabrück und anderswo», erinnerte Anis, «aber die waren mit dem Flugzeug über Athen gekommen, wo sie sich gefälschte Pässe gekauft hatten.» Die Hunderttausende, die zu Fuß nach Deutschland gekommen waren, hatten nichts mehr zu verlieren als ihre Gesundheit und ihre Würde.

Anis Hamdouns Not, für sich in Deutschland die Netzwerke kreativer Berufe zu öffnen, war im Vergleich der reine Luxus. Und er wusste das natürlich. In der Osnabrücker Hilfsorganisation «Exil» half er bei Beratungen für den Umgang mit der Bürokratie, Spracheinführungen, Grillfesten gegen das Heimweh. Anis wünscht sich, ein kleines Musikfestival für die Syrer auf die Beine stellen zu dürfen. Vor allem aber möchte er ihnen und den anderen Flüchtlingen ein Denkmal in dem Dokumentarfilm mit dem Arbeitstitel «Die Newcomer» schaffen. Viel mehr als den Titel und einige Ideen zu Struktur und Themen hat Anis auf seiner Wandtafel zu Hause noch nicht stehen. Es soll um historische Parallelen zu anderen Flüchtlingsbewegungen nach und aus Deutschland gehen. Die Vernichtung der europäischen Juden wird eine Rolle spielen; beschwichtigende Einwände, die vor fahrlässigen Analogien warnen, lässt er nicht gelten. Er wisse, wie empfindlich die Deutschen bei diesem Thema wären, und er werde sich ihm entsprechend feinfühlig nähern. Aber die Vorsicht möchte er auch nicht übertreiben. Er will Wellen schlagen. Vielleicht hilft ihm die Caritas dabei.

Kommunist war Anis Hamdoun gewesen, ob er es noch ist, lässt er offen. Im Politischen möchte er überhaupt nicht allzu deutlich werden. Klug vielleicht, warum sollte er sein Gastland und Deutsche, die ihm wohlwollen, mit marxistischer Schwärmerei oder heiklen, bis zur Schwerbehinderung hinkenden Hitler-Assad-Vergleichen die Laune verderben? Vielleicht täte er das nicht einmal, wenn er weniger fair mit Deutschland umgehen würde. Angesprochen auf antisemitische Züge unter syrischen Flüchtlingen, wehrte er ab: «Ich habe noch von keinem Fall gehört oder gelesen, wo das hier ein Problem war. Wahr ist, dass der Hass auf Israel als Besatzer in Palästina in Syrien mit den ersten Kinderbüchern gesät und weiter in Schule und Universität gezüchtet wird.» Ob er sich von diesem ideologischen Kanon distanzierte, wurde nicht klar. Seine Sache. Zwei Jahre lang lebte er nun in einem Staat, der Gesinnung nicht erschnüffelte. In dem Menschen nicht nach Gutdünken des Geheimdienstes verschwanden. Und das wusste er zu schätzen. Gut für ihn.

Gut für uns, Anis Hamdoun bei uns zu haben. Ein kommunistischer Kinderfreund, der schon ungeboren der geborene Schauspieler gewesen war. Ein Freiheitskämpfer mit Chemiediplom und Galgenhumor, auch wenn die Lebensgefahr ausgestanden war. Ein kreativer Pirat, der ein Stück wie «The Trip» schreiben konnte und Flüchtlingen zweite Hilfe mit der aufklärerischen «Achso»-Serie leistete: Er erwiderte Willkommenskultur mit kulturellen Gegengeschenken. Nicht, dass das erwartet oder verlangt wurde. Aber es war ein wunderbares Tauschgeschäft. Eines, das die ganze Familie von Anis eingehen wollte. Anis' Eltern, zwei Schwestern und die vierzehn Monate alte Nichte lebten inzwischen in Neustadt an der Weinstraße. Wohnten in einer Wohnung. Beide Eltern hatten Mitte Oktober Deutschkurse belegt. Anis' Vater träumte davon, eine Doktorarbeit über den Wiederaufbau zerstörter Städte zu schreiben. Es ginge ihnen gut, seit sie die Wohnung bezogen hätten. Rückzugsraum für das Wiederfinden des eigenen Lebens. Seine Eier zurückerobern, hätte Anis gesagt. «Sie fühlen sich wirklich willkommen in Rheinland-Pfalz», erzählte er und sah dabei aus wie ein Sohn, der stolz war auf seine Eltern. Noch leben Verwandte in Homs. Er wagt es nicht, ihnen über WhatsApp zu schreiben, weil sie an jedem Checkpoint damit entdeckt werden könnten. Was übrig war vom Leben in Homs, war unerschwinglich teuer. Kriegsinflation. Die Flucht – erst recht unbezahlbar. Geld oder Leben: Anis rechnete mit zwanzigtausend Euro pro Kopf, um in einem Lager in der Türkei oder in Jordanien ein Jahr durchzuhalten.

In «The Trip» ringen die Darsteller miteinander und Ramie mit sich; dazu schaltet sich Mohammed, gespielt von Anis' Onkel Nawar Bulbul, per Video (und in Arabisch mit Untertiteln) ein. In Jordanien hat er seinen Part aufgenommen, er behütet Ramies Kindheit. Ramie hasst die Dunkelheit, die in Homs zuletzt voller Feinde gewesen war. «Geboren zu werden ist schon schwer», sagte Ramie, «aber wiedergeboren werden, das verstehe ich nicht.» Ein syrisches Volkslied hebt an, todtraurig, wie auch nicht. Es singt Zainab, live, nicht vom Band, in melancholisch-schmeichelndem Arabisch von Träumen, von Freiheit, am Ende ein Schlaflied für die Toten, für Ramies Freunde Mohammed, Saleem und Sarah. Sie skandieren «Freiheit! Freiheit!» auf der Demo in Ramies Kopf. «In meinem

Land war ich einer, der ich jetzt nicht mehr bin.» Er weiß nicht mehr, wo er wer war. Am Ende kommen seine toten Freunde nach all den Kämpfen zusammen, fassen sich bei den Händen und sagen nacheinander: «Du bist ich … Und ich … Und ich.»

Editorische Notiz

Die Idee für dieses Buch entstand aus der Serie «Acht deutsche Sommer», die in der «Welt» und der «Welt am Sonntag» erschien. Im vorliegenden Band erzählen die Autoren ihre Geschichten neu und sehr viel ausführlicher.